DIX-NEUVIÈME SIÈCLE

L'OUVRIER

CONSIDÉRATIONS

SUR

LE TRAVAIL

PAR

L. LABOULAIS

Membre perpétuel de l'enseignement

Ouvrage retouché et considérablement augmenté

PARIS

SOCIÉTÉ D'IMPRIMERIE ET LIBRAIRIE ADMINISTRATIVES ET CLASSIQUES

PAUL DUPONT, Éditeur

4, RUE DU BOULOI, 4

1890

L'OUVRIER

OUVRAGES DU MÊME AUTEUR

Considérations sur le travail. Améliorations du sort moral et matériel de l'ouvrier. — Premier prix de la Société nationale d'encouragement au bien.

Causeries d'un ancien ouvrier à ses jeunes camarades. — Médaille d'honneur de la Société nationale d'encouragement au bien. (Adopté par le Ministère de l'Instruction publique pour les bibliothèques populaires et scolaires.)

Manuel d'économie politique pour la jeunesse. (A paru en articles dans le *Patriote de l'Ouest.*)

La Fondation du foyer. — Causeries d'un instituteur à ses grands élèves sur l'hygiène du premier âge.

Causeries sur l'économie politique à l'usage des enfants.

Histoire d'un sou. — Leçon de choses.

Les Voisines. — Deuxième prix de la Société nationale d'encouragement au bien.

Trois semaines au bord de la mer. — Récits anecdotiques pour la jeunesse.

Du livre. — Premier prix de la Société d'instruction et d'éducation populaires.

ROMANS

Adrienne.

Fleur d'automne.

Arielle.

La Branche de laurier blanc.

Laure Roland.

L'OUVRIER

CONSIDÉRATIONS

SUR

LE TRAVAIL

PAR

L. LABOULAIS
Membre perpétuel de l'enseignement.

Ouvrage retouché et considérablement augmenté

PARIS

SOCIÉTÉ D'IMPRIMERIE ET LIBRAIRIE ADMINISTRATIVES ET CLASSIQUES
PAUL DUPONT, Éditeur
4, RUE DU BOULOI, 4

1890

PRÉFACE

Madame et amie,

Vous avez bien voulu me communiquer les épreuves de votre ouvrage : *Considérations sur l'amélioration du sort moral et matériel de l'ouvrier*, en me priant de vous exprimer franchement mon opinion et me demandant si je crois nécessaire d'y ajouter une préface.

J'ai lu avec le plus vif intérêt ces pages écrites au courant de la plume et du cœur.

Vous connaissez à fond le sujet que vous avez traité. Vous avez sondé la plaie, apprécié les causes du mal, et vous avez voulu le combattre par les seules armes possibles : le raisonnement et les sages conseils.

Personne, mieux que vous, n'a l'autorité et le don de la persuasion.

Vous n'avez pas cherché à éblouir le lecteur par des phrases sonores, ni à flatter l'ouvrier par des doléances étudiées. Vous devez la vérité à tous et vous avez le courage de la dire. C'est rare et d'un cœur loyal et généreux; c'est un exemple que devraient bien imiter tous les auteurs qui écrivent en faveur des classes laborieuses.

Votre livre est de ceux auxquels on doit adresser des vœux de succès et des remerciements.

Les personnes qui ont quelque souci de l'avenir du pays, et que préoccupe le sort moral et matériel du travailleur, le liront jusqu'au bout et reconnaîtront comme nous la justesse de vos observations.

Dès lors, à quoi bon orner d'une préface un ouvrage qui n'a besoin ni de commentaires ni de paraphrases?

1° Sur cent personnes, il n'y en a pas trois qui lisent un avant-propos;

2° Quand un auteur fait une préface, il est assez d'usage de parler de lui avec quelque estime pour donner à sa parole le poids et l'autorité qu'il voudrait qu'on lui accordât.

3° Si l'ouvrage vaut quelque chose, le public sait le juger à sa valeur sans qu'il soit nécessaire de battre la grosse caisse pour attirer la foule.

4° Si l'œuvre n'est pas bonne, quelle est la récompense ?

Vous êtes au-dessus de toutes ces misères.

Vous ne voulez ni déprécier autrui, ni prôner une marchandise, toutes choses qui sont loin de votre caractère.

Vous n'avez donc nul besoin d'une préface.

Vivant entourée de ces hommes de labeur, ne les perdant jamais de vue, ni eux, ni leurs familles, vous n'aspirez qu'à améliorer la position de chacun. Vous vous attachez à combattre les mauvaises passions, à développer les bons penchants, à faire aimer le bien, c'est-à-dire tout ce qui est grand, noble et généreux.

Il existe dans l'univers une lutte continue entre la force physique et la force morale. Or, un des plus redoutables agents de la force aveugle, c'est la force ignorante. Elle va sans cesse propageant le mal, et dans les graves circonstances, ce sont les gens de bien qui en sont toujours les victimes.

Le seul moyen d'accroître la force morale, appui le plus sûr de la société, c'est d'instruire convenablement le peuple.

A mesure que les idées du juste et de l'injuste se répandent dans toutes les classes, à mesure que l'industrie se développe et se perfectionne, que le domaine des arts, du commerce et de l'industrie s'agrandit, les hommes se trouvent à même de mieux apprécier les principes du bonheur individuel et de la félicité publique.

Chacun, éclairé sur ses droits et ses devoirs, apprend à se garantir des illusions, de la cupidité, et à faire violence à l'égoïsme, cette plaie hideuse qui engendre les haines, les vengeances, la mauvaise foi et l'improbité.

Vous avez donc fait une bonne action en cherchant à démontrer à tous :

Que la religion et la conscience se prêtent un mutuel appui et donnent le courage de supporter patiemment les malheurs qui viennent éprouver l'homme dans le cours de sa vie ;

Que le respect et la soumission aux lois sont nécessaires à la sécurité et au bonheur public ;

Que l'ordre et l'économie portent l'ouvrier à ne rien dépenser sans but utile et à déposer à la caisse d'épargne, quand il le peut l'argent dont il n'a pas l'emploi ;

Que la prévoyance doit l'engager à se faire admettre dans une société de secours mutuels, afin de trouver des ressources pour se faire soigner en cas de maladie, au lieu d'aller à l'hôpital ;

Que l'intempérance excite les passions, débilite le corps, arrache à l'ouvrier la plus grande partie de son salaire au détriment de sa famille ;

Que l'intérêt de l'ouvrier se lie naturellement à l'intérêt du patron, et que la bonne entente entre eux ne peut être que profitable à tous ;

Enfin, que le chômage volontaire, notamment celui du lundi, est un vol fait à sa femme et à ses enfants ; que ce vol ne profite qu'aux marchands de boissons, aux tripots et autres mauvais lieux ; qu'il prépare à l'ouvrier assez faible pour s'y laisser entraîner bien des remords et à son ménage bien des larmes.

Voilà ce qui résulte de votre livre. Vous n'avez pris la plume que dans un but : *être utile.*

Ce but est atteint ; l'accueil du public vous le prouvera.

Agréez, etc.

Honoré ARNOUL,

Secrétaire général de la Société nationale d'encouragement au bien ; — Président de la Société libre d'instruction et d'éducation populaires.

Nous suivons le conseil de M. Arnoul. En publiant sa lettre telle que nous l'avons reçue, nous nous dispensons de toutes dissertations préliminaires, et nous ne voulons pas écrire d'autre préface. A part les éloges trop bienveillants de l'ami, nous acceptons le verdict du juge. Puisse le public se montrer aussi indulgent

L . LABOULAIS.

L'OUVRIER

CHAPITRE PREMIER

Considérations générales.

La question ouvrière ouvre la porte aux appréhensions des gouvernements; elle agite le sein des assemblées; elle passionne les masses.

Je craindrais d'aborder une étude aussi sérieuse après tant d'hommes éminents auxquels elle a inspiré d'éloquentes pages, si, en l'effleurant, je quittais le terrain pratique de l'expérience.

Mon but est simple : montrer avec sincérité, dans un style à la portée de tous, des faits d'ensemble et de détail qui nuancent et caractérisent à la fois les principaux besoins, les principales tendances des travailleurs de la grande industrie citadine ou des centres manufacturiers.

En principe, nous sommes loin des systèmes

do protectorat, de jurandes, de maîtrises, encore regrettés par quelques retardataires (1).

Si, dans la réalité, restent maints vestiges de cet ancien état, inaperçus en raison même de leurs usages journaliers, nous devons les saisir sur le fait, les dénoncer au bon sens public. N'est-ce pas les réduire au néant?

En effet, la raison, la logique, l'équité du plus grand nombre, ont fait justice d'un passé où toute source de vie initiale était frappée de stérilité; où les eaux les plus vives croupissaient dans l'étroit bassin de la réglementation.

Aujourd'hui, nos facultés sont notre bien. La dignité d'homme ne souffre plus d'entraves, et nous voyons s'accroître les bienfaits matériels et moraux qu'engendre la liberté consciente.

Il faudrait être aveugle pour ne pas le constater : si des utopistes rêvent pour le travailleur un état de bien-être impossible à atteindre de prime abord ; si, le berçant d'illusions dangereuses, ils arrêtent son élan salutaire, le progrès pratique ne ralentit pas sa marche, et les gros bataillons le suivent.

Nous n'allons pas, comme en des contes de fées,

(1) Si je suis formellement opposée aux jurandes et aux maîtrises pour le présent, je ne méconnais pas les bienfaits des garanties mutuelles, les progrès relatifs de cette phase de l'évolution économique.

traverser des pays enchantés, toujours fleuris et toujours verts, où les oiseaux gazouillent étourdiment leurs joies, où les princes épousent leurs princesses — sans différer, — où l'on s'aime parmi les roses, où les beaux enfants de l'amour vivent « de l'air du temps » avec les fragiles papillons.

Tout, dans l'existence du prolétaire, est sérieux, ardu, calculé. Tout, pour lui, s'acquiert au prix d'efforts patients, de sacrifices parfois héroïques.

Le pire des travaux est celui de la femme dans les manufactures. On a dû créer des institutions publiques : crèches, asiles, pour en pallier les effets désastreux sur la descendance de l'ouvrière. Puis on s'est demandé avec angoisse si on n'avait pas encouragé la femme à déserter le foyer pour un bénéfice illusoire? On s'est demandé si l'école maternelle ne détachait pas la mère du ménage, des devoirs d'épouse, en lui permettant de quitter le logis? On s'est demandé si le père « seul » n'avait pas mission de suffire aux besoins de la famille par son travail?

Ces questions, empreintes d'un pur et délicat intérêt pour les classes laborieuses, sont extrêmement complexes. Elles ne peuvent être résolues en bloc.

Affirmer qu'en général la femme est mieux à sa place près des enfants en bas âge, livrée aux travaux de l'intérieur, c'est rééditer des vérités

théoriques incontestables, contre lesquelles pré-
vaudra néanmoins toujours, dans la pratique, *l'urgence de mettre du pain sous la dent d'êtres chers.*

Oui! l'urgente nécessité chasse la fille, la femme,
la mère, d'un logis sordide et les introduit dans
l'engrenage de la manufacture.

L'ouvrière de fabrique, le plus souvent, appartient à une famille nombreuse. Le père ou la
mère, les deux peut-être, sont morts « à la peine » ;
et l'aîné, puis, au fur et à mesure des tolérances
de la loi, les autres : tous y passent. Le dénuement
absolu de cette nichée n'a permis à aucun de ses
membres le luxe d'un état.

La fillette — soutien de famille — bien souvent
est prise par la phtisie du chanvre (celle de la laine
ne vaut guère mieux) : des humidités chaudes et
nauséabondes, ennuagées de poussières mortelles ;
puis, subitement, au dehors, l'air glacial, la
bise sifflante... En faut-il tant pour donner à la
fileuse la voix rauque et sourde, l'éternel enrouement,
indice du mal sans merci, embusqué pour
saisir sa proie : l'ouvrière. Oh ! les longs jours sur
un grabat...

Ce n'est pas tout. Mille rouages meurtriers,
mille courroies avides, comme des fils d'araignée,
entourent la petite de dangers d'une autre nature.
Une seconde d' « invigilance », et, horreur ! la
main ! le bras !... sont saisis ; arrachement de

chairs et d'os! tendons, fibres brisés!... parfois horrible mélange pantelant : tout le corps tressaute dans les dernières convulsions inconscientes d'éléments tout à l'heure *vivants*. — La mort subite, — c'est mieux, en vérité, que la mutilation pour un pauvre être dépourvu de moyens d'existence.

Combien en ai-je vu déjà, de ces sœurs aînées, — mères de famille, — fauchées par la fatalité.

Pour ne pas appesantir votre esprit sur des choses irrémédiablement navrantes, car les victimes féminines ont toutes péri, corps ou honneur, je veux vous raconter un dévouement fortuit, payé bien cher par des larmes maternelles, mais qui, du moins, révèle l'admirable trait d'amour filial d'un petit *bourgeois*, de prime saut égal à ses compagnons et compagnes d'atelier en courage et en martyre.

C'était l'année de nos désastres, 1870. Une veuve avait fui la capitale, emmenant son trésor, garçonnet de dix ans, la bourse légère; elle ne craignait pas le besoin : la guerre, une promenade militaire, devait si peu durer. A peine avait-elle réalisé à la hâte quelques centaines de francs.

Chacun sait comme fut tragiquement long ce formidable hiver.

Au commencement de 1871, la veuve, sans ressources pécuniaires, sans parents, sans amis, se demanda comment elle ferait subsister son fils. En bonne citoyenne, elle avait travaillé gratis pour nos soldats blessés ; elle se dit qu'elle travaillerait en salariée pour notre armée en campagne. Elle offrit son aiguille à une entrepreneuse. Dieu ! que le gain d'une femme est peu de chose !... Le petit Georges fut mis à l'école communale. Il y devint « moniteur » de sa classe.

Le « gars » parisien entendit les fils d'ouvriers parler en hommes. — Plusieurs écoliers méditaient de grandes choses. — Les leçons des maîtres n'étaient pas des leçons ordinaires. Les enfants, associés à toutes les émotions civiques et patriotiques, vivaient dans une continuelle surexcitation, dans une belle exaltation de se dévouer. « Servir » ou « travailler », tout était pour la France ! Légions guerrières, légions ouvrières, il y avait autant d'honneur à faire le sabre qu'à le rougir du sang ennemi.

La guerre avait dépeuplé villes et villages ; les usines chômaient faute de bras. Réquisitionnés pour les arsenaux de l'État, pour l'industrie privée, qui s'était mise à faire « de l'armement », certains corps d'état avaient disparu presque entièrement de leurs chantiers ordinaires. On manquait de mécaniciens « en fabrique ».

Le soir, Georges s'apercevait bien que sa mère avait pleuré en son absence. Il l'embrassait fort, se couchait peu nourri et regardait la grosse ai-

guille entamer les doigts délicats de son adorée...
Ah! comme il était triste, le petit Parisien!... Ne
pas seulement pouvoir consoler sa mère!... Il rêvait qu'il était soudain devenu grand et fort : un
homme qu'on payait très cher... Au réveil, plus
rien des beaux songes... Des étoffes grossières
bleuissaient les mains maternelles... ces chères
mains blanches et douces d'autrefois qu'il aimait
tant à baiser — car Georges était tendre.

Un soir, la veuve s'inquiéta de ne pas voir son
fils rentrer à l'heure habituelle.

Le premier quart d'heure, ce n'était pas une
affaire : Une partie de bouchon. « Le petit s'était
oublié avec ses camarades... tant de choses retien-
nent un garçon dans la rue... »

A la demie, elle énumérait encore les raisons
probables d'un retard aussi inaccoutumé : « Un
passage de troupes... Peut-être bien des manœuvres
de gardes nationales?... Ah! le matin même, sur
le Champ de Mars, les « Cathelineau » avaient dit la
prière à haute voix. La tête nue, à genoux, ils avaient
invoqué le Dieu de leurs pères... Des sifflets dans la
foule, des huées... Les Français sont si sceptiques...
Les francs-tireurs avaient dégainé... des coups de
feu même... Quel malheur! deux victimes san-
glantes inanimées... et des blessures, un tumulte
indescriptible! L'armée régulière requise, le calme
s'était fait. Le peuple dispersé murmurait des me-

naces... Les francs-tireurs quitteraient la ville sous quarante-huit heures, ils ne devaient point s'éloigner de leur quartier. Cependant, j'ai entendu tantôt sur le pont : « Enlevez-le! à l'eau l'Henri-quinquiste! Des sobriquets : Buveur d'eau bénite! et autres. Sans l'intervention de citoyens connus pour leur républicanisme, le peuple écharpait le malheureux... La guerre... Les Prussiens à deux pas de nous... et des divisions intestines entre Français prêts à verser leur sang pour la France!

« Georges est frondeur... un incident fortuit... Je tremble, sept heures... Oui, sept heures à la cathédrale. — Elle compte lentement les coups. — C'est bien sept heures. Le cœur me manque. »

N'y pouvant plus tenir, la mère descend sur le seuil de la porte... elle avance sur le trottoir. A droite et à gauche du quai de Ligny, rien. — La Maine charrie des glaçons — une idée aiguë traverse le cerveau de la veuve... Si son fils était descendu sur la berge... s'il s'était aventuré sur la glace... si... Non! ce n'était pas possible! on ne lui rapporterait pas le cadavre de son fils, comme on lui avait rapporté le cadavre rigide et verdissant de son mari! Elle étreignit son front brûlant. Abîmée dans d'inoubliables souvenirs, elle n'entendait, ne voyait plus rien. Cependant, un bruit de foule parleuse et sabotante éveilla son attention. « La cohue des ouvriers de fabrique, » se dit-elle. Pauvres gens.

Ah! enfin! te voilà! Comment arrives-tu si tard?

— Je suis de classe, bonne mère! Je te dirai cela en haut; vite rentrons, j'ai grand'faim.

Oui, il avait grand'faim, et comme une joie fiévreuse, avec des airs entendus. Il raconta qu'on le retiendrait en classe ainsi chaque soir : une *Étude*. La meilleure heure de la journée. La fréquentation de fils d'ouvriers l'avait rendu raisonnable; il comprenait bien des choses auxquelles il n'eût jamais songé au pensionnat. Certains devoirs... Il se coucha tôt, regarda sa mère avec attendrissement... Samedi, murmura-t-il. Un éclair de fierté éclaira ses yeux alourdis.

La semaine avait passé; la mère de Georges n'attendait plus son « écolier » avant sept heures et quelques minutes; cependant, le samedi, il lui vint, vers le soir, une vague angoisse : rien de précis, un malaise sans motif. «Demain, se dit-elle, j'aurai Georges avec moi toute la journée. » Elle chercha l'heureux emploi de ce dimanche; comment elle achèterait une friandise... Les larmes lui venaient aux yeux... Elle avait des dettes. Elle n'en persista pas moins à combiner un régal pour l'enfant. Elle recompta sa monnaie. Elle avait gagné 6 francs net, un franc par jour. Ce gain, voilà tout, elle le laisserait en évidence; son enfant chéri ne la supposerait pas sans ressources. La semaine prochaine, elle aviserait... deux anneaux d'or cerclaient son doigt : la bague de mariage et une goutte de rosée, un diamant, mis à sa main par le père de Georges le jour de la naissance du petit.

Des bruits, des bruits étranges sur le quai... Des clameurs étouffées... La veuve se leva, fit un pas vers la fenêtre, puis s'arrêta : Tant de douleurs souffertes... Pourquoi encore s'apitoyer sur des maux auxquels elle ne pouvait rien ?...

Au milieu du piétinage inégal et confus d'une foule émue et plaigneuse, s'entendait distinctement le pas lourd et cadencé d'hommes marchant « d'ensemble ». La veuve percevait ces détails avec la lucidité berceuse d'une vision. Le cortège s'arrêta à sa porte. Elle entendit poser un « faix » sur le pavé du trottoir; un bruit mat de bois. Une civière, peut-être ! Une voix faible: « C'est là. » Des femmes dirent : « La mère ! il faut prévenir la mère. » Palpitante, elle tendit l'oreille; on montait. Marche à marche, elle suivit les résonances diverses : des éclaireuses, un groupe avançant avec peine, et, en bas, l'anxiété de la foule...

Une terreur intense galvanisait la veuve. Instinctivement elle sentait venir le suprême martyre.

Un visage de jeune fille, dans l'entre-bâillement de la porte, se montra, apitoyé :

— Madame...

— Mon fils ! il est mort ! C'est lui qu'on me rapporte... comme son père !

— Maman ! maman !

La veuve bondit sur le palier.

—Georges ! Ah ! tu vis ! Qu'importe le reste, mon Georges, je te sauverai ! Entrez, messieurs, entrez. Posez-le sur ce lit.

— Entrez vous-même, madame, et asseyez-vous ! fit l'adolescente. J'vas vous dire la chose. Vot' fils est blessé.

La mère, d'un mouvement rapide, enleva le linge drapé sur l'épaule de son fils et poussa un cri de lionne, cri désespéré, furieux ; puis elle s'affaissa sur le sol.

Georges n'avait plus qu'un bras !

Bien soigné par un bon docteur, devenu l'ami de la maison, le petit Parisien eut le loisir d'expliquer à sa mère comment *la chose* s'était faite.

— Dans l'adversité générale, en face de tes privations, mère, j'ai compris ce que te devait ton Georges ; être ton soutien est devenu mon rêve.

— Je me suis présenté à l'usine et m'y suis donné comme apprenti, déjà un peu au courant des machines et plein de bonne volonté. On m'a embauché, on était content « du petit Parisien ».

Le soir de paye venu, j'étais si joyeux de t'apporter mon gain, la tête m'a tourné. J'avais hâte d'arriver à mon tour au guichet. Je me dépêchais de graisser les rouages; il me semblait qu'en allant vite j'abrégeais la dernière heure de travail. Tout à coup, je me sens arrêté, entraîné, une chaleur me monte au cerveau, j'appelle d'instinct. On se rue sur les courroies furieusement, on me dégage; sans mes compagnons, j'étais broyé: tu n'avais plus d'enfant ! Je ne suis qu'estropié, mère ; je te reste, je t'aime.

. . . .

. . . .

Quelques années plus tard, j'ai rencontré un bel adolescent blond, bien vêtu, mais dont le paletot n'avait qu'une manche pleine ; l'autre, repliée, tombait à plat le long du corps de Georges ; car c'était notre jeune héros. Sa mère l'accompagnait. L'heureuse mère, dont la mélancolie était ensoleillée du dévouement de son fils.

* * *

A la fabrique, hommes et femmes ont à peu près le même salaire. L'homme fait un travail inférieur à celui qu'il pourrait produire s'il était en possession de son maximum de force et de facultés. La femme œuvre un peu plus qu'elle ne le devrait normalement. — C'est une moyenne d'abaissement dans le gain total de la famille ouvrière. — Nous aurons lieu de revenir sur les *mé-faits du salaire.*

Presque en entrant à l'usine, une fillette est « afûtée » à un franc. Elle connaît son prix minimum. Si elle est courageuse, exacte, elle touche « une prime » régulière : tant par mois, suivant les conventions de la manufacture. Bientôt son gain s'élève à un franc cinquante centimes par dix à douze heures de travail. Enfin son labeur journalier est rémunéré deux francs : c'est une ouvrière faite. Je parle de la masse.

Les mécaniciens et mécaniciennes, les ouvriers et ouvrières d'états, sont, à la manufacture comme dans les autres industries, les favoris du travail, du salaire, de l'instruction, de la santé, du bien-être enfin sous toutes ses formes. — Ils ont conquis l'indépendance.

On se demande, au point de civilisation où on en est arrivé dans les villes, comment les manufactures y peuvent encore recruter leur nombreux personnel inférieur? Une des explications les plus plausibles — il y en a bien d'autres, mais je dois me borner — est l'appel ininterrompu de la ville à la campagne.

Les villageois accourent aux cités, comme le moucheron se jette sur la lumière. Non encore acclimatés, casés, ils affluent sur les chantiers besogneux de bras à bon marché et offrent leurs

services à vil prix. Ils font « la baisse du salaire ».
Le prolétaire, dépourvu de besoins intellectuels, de
jouissances sociales, est le concurrent-né du prolétaire instruit et moral.

C'est l'affaire d'une ou deux générations de dé-
grossir, d'affiner ces tard-venus au banquet social,
et voilà la masse ouvrière augmentée au détriment
de la population campagnarde.

S'il est avéré que les basses couches sociales
soient sans cesse pourvues de ces hordes d'émi-
grants fauchés par la misère, la malpropreté, le
vice : unités remplacées au fur et à mesure de la
disparition des unités précédentes par de nouveaux *pirates du travail;* s'il est constant que le
paupérisme sera indéracinable aussi longtemps
que « ces modernes invasions de barbares » suivront leur cours, faut-il pour cela maudire nos
frères malheureux? Faut-il nier tout avantage,
toute raison d'être au flot s'avançant vers le progrès, à tous risques? — Non.

Sans doute, mieux eût valu un remuement, un
mélange d'idées fait avec plus de précautions, de
méthode, et, pour tout dire, avec moins de victimes.

Mais la liberté de chacun nous défend d'interdire à cette marée de monter. L'expérience
nous prouve qu'en se retirant elle laisse derrière
elle, parmi ses détritus, quelques éléments nou-

veaux aptes à s'assimiler presque d'emblée au meilleur état social des travailleurs.

En effet, si le grand nombre, au débarqué, vit de rapines, de mendicité, d'ignorance, pullule dans la crasse, mange et habite par troupes, à la façon des bêtes immondes, dès leur arrivée, certains chefs de famille se recueillent, flairent le vent, tâtent des hommes et des choses, se renseignent et profitent des avantages de la civilisation avec une sûreté de coup d'œil admirable. Les enfants aux écoles, les parents au travail, aux sociétés de garantie, mutuelles, de plein saut, ces mercenaires campagnards passent à l'état de prolétaires citadins, en conservent l'esprit d'ordre et d'économie, la soif « de parvenir » particulière à l'émigrant.

Des ingénieurs, des hommes de science ont montré M. Zola comme le peintre fidèle des corons du Nord. Ils ont parlé *de l'innocente animalité* dans laquelle vit une grande partie de nos carriers, de nos mineurs, de nos fileurs et autres ; ils ont, sans offenser la vérité, fait sentir la résistance des ouvriers contre les meilleures prescriptions hygiéniques, quand elles étaient signées du patron ou du directeur. Mais ils ont oublié de secouer la boîte de Pandore. Par l'instruction obligatoire, par de bonnes lois sur le travail, les améliorations proscrites par des prolétaires ignorants s'imposeront d'elles-mêmes à l'esprit et « au corps » des travailleurs instruits. — Voilà la vérité d'un prochain avenir. Voilà notre espoir présent.

Revenons au travail de la femme dans les manufactures, aux progrès accomplis, aux progrès à réaliser.

. . . .

Chez beaucoup de grands industriels, la mère nécessiteuse, obligée au travail pour conserver la vie à son enfant, trouve à l'atelier sa place à côté d'elle, un abri sûr, des soins éclairés : elle peut l'allaiter.

Le soir, elle rapporte le doux fardeau à son modeste logis. En le contemplant le père et la mère oublient leurs fatigues.

. Le cabaret, les veillées tardives, les conversations vives, bruyantes, perdent leurs attraits pour l'homme.

La femme sacrifie volontiers des colifichets ruineux, la parure dont la jeune fille croyait ne pouvoir se passer : tout est pour le petit ; sa santé, son heureux développement, sont désormais les préoccupations incessantes de la mère. Elle aime ardemment son fruit et fera tout pour le conserver sain et pur.

Celle dont l'adolescence a peut-être été déflorée s'alarmera au moindre soupçon d'une souillure possible pour son marmot. Sa vigilance s'exercera sur elle-même : elle se moralisera rapidement ; car le guide le plus sûr pour la femme, c'est l'enfant, mais à la condition qu'il lui soit acquis par toutes les fibres de la maternité, par les liens du sacrifice et les jouissances du cœur.

Nous avons laissé deviner, dans une sorte de « nursery » rustique, des gardeuses spéciales attachées à la manufacture. Religieuses ou laïques veillent sur le berceau du pauvre, apprennent à l'innocent à bégayer les nom de Dieu, de ses père et mère terrestres, etc. Cette première période d'instruction comporte le développement des instincts de propreté. Il faut des sujets propres pour l'*asile*.

L'*asile*, ou *école maternelle*, comprend la seconde période de l'existence enfantine. Dans certaines usines, que j'appellerai *modèles*, le mignon passe de la crèche à la salle d'asile, et, non loin de l'aile maternelle, on l'entend gazouiller l'*A*, *B*, *C*. Enfin il est admis à l'école primaire ; là un enseignement plus étendu l'attend.

En épurant le peuple par l'instruction, on démonétise la misère et *ses vices* ; on développe la conscience. L'enfant deviendra un homme ; ce ne sera plus l'ilote, instrument des passions politiques, ou un membre de l'animalité humaine à peine dégrossi, végétant dans l'abjection.

Voilà par quelles phases ascendantes passe

celui qui a bénéficié de la tendresse immédiate de père et mère n'ayant pu se résoudre à abandonner ses premiers ans à des gardiennes mal rémunérées, peu soucieuses de la vie ou de la mort, de l'estropiement ou de la bonne conformation, de la propreté ou de la malpropreté de nourrissons considérés comme moins intéressants qu'une portée de *gorins*.

Plus, au début de sa vie, « l'enfantelet » a coûté de veilles, de travail, de privations aux auteurs de ses jours, plus ils ont fait pour lui, plus le sentiment du devoir familial se développe en eux et les soutient pour de nouveaux sacrifices, plus leur dévouement grandit et donne d'intelligence à leur cœur.

Entourée de prolétaires, j'ai pu et j'ai dû analyser toutes les nuances de leur caractère excessivement impressionnable et malléable, par conséquent soumis aux nécessités de la vie qu'ils coudoient sans cesse ; aussi ai-je loué, en mon âme et conscience, les employeurs de femmes, quand j'ai vu le baby, à la « nursery » industrielle, près de la mère travailleuse et nourrice.

Faciliter à l'ouvrière les devoirs maternels, c'est acheminer la famille dans la meilleure voie, c'est diminuer la mortalité effrayante qui décime les nouveau-nés.

Je parle ici plus spécialement de la femme, parce qu'elle a sur la première enfance une action prépondérante ; l'homme, plus tard, reprend tous ses droits, mais sans rien effacer des impressions vivaces de la jeunesse. J'ai dû, non pas sans amertume, constater la présence de la donneuse par excellence d'intimes leçons, dans un centre peu favorable à sa moralité.

Une jeune fille travaillant « en fabrique » est souvent légère, parfois vicieuse, et toujours mal vue de la société ouvrière en dehors de la fabrique ; aussi les jeunes filles ne se marient-elles guère qu'avec des compagnons de travail, de plaisir et, il faut bien l'avouer, quelquefois de débauche. Mais ce travail en commun, ces plaisirs, ces débauches même, ressortent plus de l'ignorance, de la jeunesse, de l'entraînement fâcheux des circonstances, que de vices primordiaux, volontaires, invétérés (1). Le mariage, les enfants, peuvent opérer une diversion salutaire.

(1) Chose remarquable, quand un ménage clandestin légitime son union, la femme, qui a d'abord senti l'abaissement où elle était, devient fière et glorieuse de sa nouvelle position ; elle s'observe ; le mariage lui semble une dignité dont elle est revêtue au moral, et elle prend une tenue décente au physique. La mère a plus d'empire sur ses enfants ; elle leur inspire plus de respect. *L'État, des sociétés civiles,* devraient *faciliter ces mariages.* Notre ami Denis Poulot, auteur *du Sublime,* a pensé comme nous qu'il y avait place dans ce sens pour l'élément civil à côté des sociétés de Saint-Vincent-de-Paul et François Régis.

Instruisons les enfants, nous éclairerons les parents, et, sous cette forte impression de la famille, le travail en commun pourra devenir un travail régénérateur. Au reste, et sans rien vouloir diminuer du mérite des premiers chefs d'usines ayant établi chez eux des salles d'asile, des écoles pour la progéniture des ouvrières, il est juste de le faire remarquer, ces mesures si philanthropiques devenaient nécessaires pour retenir les mères à la manufacture.

Le salaire de la femme étant inférieur à celui de l'homme — à travail produit égal — et la présence de l'ouvrière sur le chantier étant un motif de baisse dans le salaire de l'ouvrier, les patrons avaient un avantage, au moins apparent, à se servir de cet auxiliaire involontaire et à lui créer, dans un intérêt commun, quelques compensations. *Compensations*, personne n'hésitera à prononcer ce mot en la circonstance. Quel préjudice le patron compense-t-il par certaines douceurs apportées à la condition de l'ouvrière ?

L'usage, avons-nous dit, accorde à égal service rendu une plus forte paye à l'homme. Cet usage est injuste. *Le service est impersonnel.* Le travail produit doit se rémunérer en dehors de toute préoccupation de *l'instrument de la production.* C'est là le principe équitable « de l'assiette du salaire ».

À la fabrique, avons-nous avancé plus haut, « hommes et femmes ont à peu près le même salaire, etc. ». Notre conclusion s'énonçait : — C'est une moyenne d'abaissement dans le gain total de la famille ouvrière.

Par gain total, nous sous-entendions ceci : à la fabrique, la femme reçoit 2 francs, par exemple, l'homme en reçoit 3 ; dans d'autres ateliers où les femmes travaillent seules, elles ne reçoivent que 1 fr. 50, par exemple. En même temps les hommes dont les labeurs ne sont pas partagés par des ouvrières recevront 4 fr. 50, soit, pour un ménage, d'une part 1 fr. 50 et de l'autre 4 fr. 50, total : 6 francs ; pour l'autre ménage, d'une part 2 francs et de l'autre 3 francs, soit : 5 francs. On le voit, si la femme *seule* a 50 centimes de boni, à la fabrique, *le ménage* perd *un franc*. Voilà bien l'antagonisme du travail entre hommes et femmes. Mauvaise concurrence, et, en somme, abaissement du salaire pour « la famille ouvrière ». Un devoir moral ne s'imposait-il pas aux patrons (1) ?

(1) La concurrence de l'étranger, des pays pauvres où la main-d'œuvre est à vil prix, rend la question du salaire difficile à résoudre dans l'état économique actuel. Dans cet état, pour soutenir certaines industries nationales, il faut « l'homme et la femme à bas prix » ; il faut, en outre, les meilleurs instruments. C'est l'escalade incessante, l'assaut meurtrier du progrès.

Il en est des meilleures machines comme des meilleurs

A cette heure, une compréhension plus haute de ces mêmes devoirs montre au patron que, dans l'agencement bien entendu d'une usine, tout ce qui est favorable à la dignité, au bien-être, au mieux être de l'ouvrier, est sa garantie morale à lui et, par suite, son avantage matériel. De la prospérité du travailleur découlent la richesse et la considération du maître de l'usine.

Si la femme, la mère, la sœur, font, jusqu'à un certain point, une concurrence fâcheuse à l'homme leur proche parent, ou à l'homme en général, comme son terme pair en l'humanité, l'enfant fait à son tour concurrence à sa mère, à la femme, avec le même désavantage *total au travail.*

canons : ceux de la veille sont mis au rebut le lendemain. Évidemment nous n'en sommes pas arrivés au mode rationnel et durable qui devra régir éternellement *le travail par des lois immuables.* Il n'y a d'immuable que « les fins vers lesquelles nous tendons », et, pour satisfaire à « ces fins », une réforme économique s'impose.

CHAPITRE II

De la protection accordée à l'enfance.

Depuis peu, la protection accordée à l'enfance par l'État s'est perfectionnée : nous avons « la loi Joubert ».

Cette loi protège du même coup l'enfant dans sa croissance physique, morale, intellectuelle, et le taux du salaire général.

Sans doute, la loi est bonne, les inspecteurs sont vigilants; sans doute, « la sortie » des manufactures offre un spectacle moins lamentable de pauvres petits êtres « en amas », mal conformés, rachitiques, livides; sans doute, on y rencontre moins d'enfants à l'air vieillot, aux gestes vicieux, aux expressions ordurières, à la voix rauque et cynique; sans doute, une amélioration appréciable s'est produite; mais combien cette amélioration sera plus sensible quand « la loi » sera observée dans toute sa puissance tutélaire.

On fraude « la loi ».

Faut-il blâmer les fraudeurs?

Qui sait si M. Joubert, apitoyé au spectacle d'une famille au dernier point misérable, devant l'évidence des dangers de cette misère, de ses souffrances, de ses hontes, ne consentirait pas « à frauder » la loi qu'il a conquise; parce que, certaines lois complémentaires n'étant pas encore obtenues, ou n'étant pas observées, « entre deux maux, il faut choisir le moindre. » Qui sait si cet industriel, promoteur de sages réformes, ne dirait pas ce que j'ai entendu dire à un autre industriel de ses amis, partisan de ses idées :

« Je frauderai *la loi* tant qu'elle ne donnera pas « la sécurité » à l'enfant : le vivre, le couvert qu'il trouve chez nous, de l'instruction relative, de bonnes mœurs relatives...

« Les lois sur les écoles, sur la mendicité, sur le vagabondage, doivent être appliquées avec ensemble pour avoir de bons et efficaces résultats ; en attendant, je continue mon office de tuteur. »

Des sphères supérieures conscientes émanent d'excellentes idées. Le personnel distingué des ministères se meut dans cet orbite de voyants avec une lucidité parfaite, et des merveilles s'accompliraient si, de degré en degré, le zèle adminis-

tratif n'allait pas se refroidissant. — Il faut conclure avec des faits.

Un matin, une commission de délégués cantonaux visitait les écoles de mon quartier. Oh! ces
messieurs, comme on dit en Alsace, « n'étaient
pas de la petite bière » : deux médecins des plus
distingués, un adjoint au maire, — le premier, —
un ingénieur des arts et manufactures, enfin un
bonhomme d'industriel trié sur le volet pour son
amour des sciences et du peuple. Certes, cette
commission pouvait à bon droit prétendre à
quelque autorité morale ; aussi était-elle saluée
respectueusement sur son passage par les gens de
la petite bourgeoisie, les boutiquiers, les travailleurs d'états ou les manouvriers. Ces messieurs
s'occupaient de leurs « queniaux (1) », on n'allait
plus voir traîner sur les places ces mauvaises
graines corruptrices que sont les fils de « galvaudeux (2) », etc., etc.

Messieurs les instituteurs et mesdames les insti-
tutrices laïques primaires sentaient combien il leur
serait utile de pouvoir s'appuyer sur des gens si
estimés de leurs concitoyens, et ils comprenaient
parfaitement le rôle paternel confié aux délégués
cantonaux par l'État.

Ce matin-là, donc, par une malechance inexpli-

(1) Enfants.
(2) Mauvais ouvrier.

cable pour les frères de l'école du... — qu'on me permette de taire le nom de cette école, — la commission fut saisie... d'étonnement à la vue d'un frère appliquant sur les joues inférieures d'un élève une de ces leçons manuelles qui laissent des traces de feu sur... l'entendement des plus réfractaires.

Je ne veux pas ici discuter sur cette manie déculotteuse et fouetteuse des frères ignorantins, mais dire que la commission crut devoir consigner sur son rapport du jour le fait grossier dont elle avait été témoin.

Sans doute, un faisceau d'observations, de renseignements, de requêtes, résultait des visites « en corps » des commissions cantonales scolaires, et cela gênait « le sans gêne » avec lequel certaines autorités subalternes traitent « les questions irritantes ».

C'est en vain que nous sommes libéraux, que le gouvernement est libéral, nous sommes *desservis* par des serviteurs occultes qui tendent l'échine et flairent le vent. Pourquoi tant de zèle? Il faut des gueux à cette engeance.

Les commissions furent avisées *du mépris* dans lequel on tenait leurs rapports. En même temps, ordre fut donné *de se présenter isolément dans les écoles*. Que vouliez-vous qu'ils fissent contre tous?

Les délégués cantonaux ont-ils cessé d'exister?

Ils sont comme cette paille enflammée que les enfants se passent avec ardeur, disant, l'un :

— Petit bonhomme vit-il?

— Il vit, répond celui qui veut se débarrasser du corps gênant, et ainsi de suite, tant que le décès n'est pas constaté aux mains du dernier possesseur de la lumière.

Petit bonhomme vit encore, mais il est *isolé;* ses rapports, s'il en faisait, n'auraient ni sanction ni autorité.

Une des questions « irritantes » est le placement de ce dont personne ne se soucie, « un enfant moralement abandonné, » ou « immoralement exploité ».

Le délégué cantonal, la dame de charité, la police, personne ne peut forcer la porte du vice latent sur une parenté gangrenée, et soustraire l'enfant au virus qu'il répandra à son tour.

Il y a des écoles, des orphelinats, des asiles, disent les gens qui ne mettent pas la main à la pâte de la bienfaisance, et ceux qui s'y dévouent corps et âme voient avec désespoir, en certains cas, leur impuissance à faire le bien, ou seulement à empêcher le mal.

Les asiles tels que les orphelinats sont presque inabordables, et il faudrait aux titulaires, orphelins, vagabonds, des certificats de haute moralité pour y entrer, et que leurs parents eussent *au moins* mérité le prix Montyon.

Les remèdes préventifs, on les touche du doigt. Ils semble qu'on va pouvoir éteindre sa soif... Mais non... mais non. *On punit le mal,* « on ne le prévient pas. » *Désespérés,* les juges condamnent le petit malfaiteur à la maison de correction, dont il sortira tout à fait perdu. Écoutez.

Un après-midi, une ouvrière de fabrique force la consigne et entre chez moi.

— Je vous dérange, madame, mais c'est si important.

— Pourquoi n'êtes-vous pas venue à mon heure ?

— J'étais au tribunal. Avant, j'aurais dû prendre vos conseils. On hésite, on attend. Il est trop tard : mon petit est condamné !...

— Pauvre mère !... En quoi puis-je vous être utile ?

— Vous verrez les juges avant quatre heures. Vous demanderez la grâce que François n'aille pas dans une maison de correction. Vous leur direz : C'est vrai, la mère ne peut garder ses petits. Elle quitte son grabat à cinq heures du matin pour aller au travail et les laisse sur cette paille de misère ! ! Il faut leur donner du pain, Alors, de mauvais gars s'introduisent avec eux, mangent « le fricot » laissé par elle dans « le panier d'école » de « ses gosses », « font la vie, » déchirent

ses pauvres hardes, brisent son « faix », enfin dé
bauchent les gars, les empêchent d'aller à l'école
et les entraînent par la campagne ou par les rues.
C'est là qu'on les a « ramassés ». François avait
volé, madame; François avait volé!

Quand je suis rentrée du travail. Le commis-
saire m'a prévenue; — j'ai pensé « folayer ».

Voici ce qui s'était passé : — Les gars C... et B...,
de vrais gibiers de potence à venir, avaient pris
mes « queniaux » au gîte, — les avaient conduits
aux alentours d'un déballage ou B... « guignait »
des objets à sa convenance. — « Té, » avait-il dit
à François, « pendant que je marchanderai, tu gri-
cheras des porte-monnaie; je les vendrai. Nous
ferons bombance... T'es assez grand pour agriper.
Si tu fais le coup, « vieux, » tu montes dans mon
estime; nous devenons copains, quoi! — Si tu
recules, gare! Je te la danse un peu, tu seras
« baisé » jusqu'au sang. »

C'est ainsi que François fut pincé.

Les juges surent cela, mais il fallait boire mon
calice et vous l'apprendre; au reste, ce n'est pas
tout, puisque je vous demande votre protection,
j'aurai une entière franchise... Vous entendrez la
vérité! — Je vais me confesser.

Vous saurez tout : — « j'ai fauté », il y a une
tache sur moi...

Je suis veuve depuis sept ans. Nous faisions bon

2.

ménage et malgré notre nombreuse famille nous mangions du pain.

Mon mari a été encorné par une vache ; je l'ai eu mutilé des mois sur le lit. — A sa mort, tout y a passé. — Je suis restée sans ressources. C'était en décembre.

La misère, le froid et huit enfants !... Mes deux derniers ne marchaient pas !.. L'aîné avait 13 ans !...

Je me suis « dépassée » comme j'ai pu, mais je n'étais pas de force à mener à bien toute cette nichée. Il fallait me *démembrer*, je me suis soumise aux parents de mon défunt ; ils ont gardé l'aîné ; à cette heure, il est marié. Comme on l'a *obstiné* contre moi et les petits, il ne nous *fait rien*.

La ville de Cholet a pris la seule fille qui me soit née. Elle sortira de l'orphelinat « à son âge » et sera placée par l'administration.

Il me restait six « queniaux ». — D'avoir été heureuse à Cholet et de m'y voir si pauvre, cela me fendait le cœur ; comme les bêtes blessées j'avais hâte de cacher ma détresse... La marraine de mon « sixième » me demanda son filleul ; — je le lui donnai. Il partit pour Chemillé.

A chaque séparation, le besoin de fuir cette ville maudite devenait plus poignant. — C'était une idée fixe ; — j'y songeais jour et nuit.

Oh! A l'horreur de rougir de la misère immé-
ritée, devant les témoins du bonheur passé, devait
succéder l'horreur du vide, le néant impassible de
l'inconnu, en face du désespoir d'une mère arra-
chant aux chiens, dans les tas d'ordures, les débris
immondes qui devaient empêcher ses petits de
mourir de faim! Le soir, rôdant à la recherche de
cette immonde pâture, j'avais été sollicitée à des-
cendre dans la dernière abjection... Hélas! ma
chair frissonnait de dégoût, l'honneur défaillant me
commandait encore de périr et de faire périr mes
petits, plutôt que m'adonner au métier infâme!...

Ah! madame! songez-y! ayez pitié! Un soir les
petits étaient en si grande souffrance qu'ils n'auraient pas changé de visage pour mourir. Couchés
en « bullot » sur la paille que j'avais obtenue pour
le prix de quelques hardes à l'hôtel de la Croix-
Blanche, où j'étais descendue à mon arrivée en
ville, je les voyais livides, les entrailles tordues et
rongées par le besoin.

Tout, autour de nous, était sinistre. Un monde
hâve de besaciers, de meurt-la-faim, gisait pêle-
mêle sur le plancher terreux, ou accroché à une
corde suspendue dans l'espace, à hauteur d'appui,
par de gros pitons en fer scellés aux murs. Cette
corde divisait en deux l'étrange dortoir. Le dode-
linement des têtes grimaçantes, les corps mous et
fléchissants, les hardes effrangées à côté de leurs

propriétaires : ces choses à peine éclairées par une lampe fumeuse, posée dans l'embrasure d'une fenêtre unique, d'ailleurs grillagée, il y avait de quoi donner le vertige. Je me frottais les yeux pour échapper à l'obsession de ces pendus cadavéreux qui semblaient s'approcher de nous, soutenus par leur barre mobile. Menaçants, avec des rires affreux, il nous montraient un poing de squelette. Dans leur orbite creux luisait un œil fauve, aigu. Que de haines !... Ils nous jalousaient, et les autres « fortunés » comme nous, d'avoir un bois de lit grossier, garni à l'intérieur de paille « mincée » par l'usage !...

Parmi ces favoris du lieu, les uns étaient « en famille », famille de gueux au complét : père, mère, vieillards, « queniaux, » dans cet espace restreint — un lit ; — sous la tête du père et de la mère, un reste de « faix » plié et à peu près propre. Des nippes usées en guise de couvertures. D'autres étaient là, filles et garçons, à l'aventure, bande crapuleuse de « forains » sans boutique ni marchandises, sans état autre que le vice. Ceux-là riaient et « rigolaient à plein » dans une langue toute cynique. De vieux ouvriers, éternels compagnons du tour de France, chercheurs de travaux introuvables, mal nippés, dans leurs hardes de velours ou de toile, n'en ronflaient pas moins sur leur couche de misère ; désormais ils n'avaient plus à espérer l'accès d'aucun atelier. — Balayeurs des rues, faiseurs de corvées sans noms, en attendant le dépôt de mendicité, l'hôpital, la fosse commune.

La saleté suintait de partout, l'air était fétide, une odeur rance me montait à la gorge ; j'eus tout à coup la vision de ma petite maisonnette de Cholet. Mon cerveau était vide, je déraisonnais, je me sentis enveloppée d'un parfum d'œillet. — Un œillet poivre qui fleurissait en abondance à côté des hauts choux verts du jardin, devant ma porte, et je me pris à pleurer...

Une voix rauque me fit tressaillir.

— Quoi que vous avez à geindre, la mère ? disait-elle.

Je vous avais trouvé de l'ouvrage avec moi, vous l'avez rebuté ; — faut pas toujours être si fière ; — tant que la carcasse est bonne à quelque chose, faut savoir l'employer. Enfin, c'est vos idées à vous autres « femmes de ménage » (1). Après tout, je les respecte et ne vous en veux pas trop de nous mépriser ; aussi, je vas encore venir à votre secours, rapport aux mioches... Ça crève de faim ! Ça me fend le cœur ! — Voilà la chose.

J'ai eu des raisons avec mon ancienne M... et je suis venue *en trancit*, dans ce garni, pour attendre

(1) Pour femmes mariées.

un nouveau sort. Demain j'entre en maison, chez la... M...s... Elle cherche une cuisinière; venez avec moi, je me fais forte de vous mettre dans cette « cassine »; vous pourrez y vivre grassement, en honnête femme, vous y refaire le tempérament et celui de vos mioches. Vous savez, du côté de ça, elle montrait son cœur, nous en avons pour les « gosses ».

La dernière des misères me défendait de refuser les offres de cette fille. Je devins cuisinière dans un mauvais lieu. — Ça m'a suivie partout, cette tache-là, quoi que j'aie fait pour l'effacer.

Après quatre mois de service dans cette fatale maison, j'en sortis un peu orientée des aisances de la ville. Mes enfants allaient à l'école, je louai deux chambres dans le quartier et cherchai une place honorable. Hélas! C'était fini de moi! Pas de renseignements possibles. — Si on allait au fond des choses, on pouvait, on devait me croire la dernière des dernières. — Après bien des pas et démarches, et alors que j'étais dejà retombée « en misère », *l'Assistance publique* me prit mon cinquième fils; — le petit fut envoyé à Baugé. — Enfin j'entrai en fabrique.

Qu'était mon gain pour tout ce qui restait « à mes charges » ?... Quelle surveillance pouvais-je exercer envers mes gars? Enfin le malheur était sur moi.

Un soir, en rentrant, les voisins me dirent que mon gars Luc était ramassé... Pas de moyens d'existence... En état de fainéantise... Sans cesse avec des gibiers de potence : — estimez-vous heureuse, la mère, si on l'envoie dans quelque orphelinat agricole... Mais faut pas y compter ; il sera sans doute mis avec les vagabonds, car il a commis, de compagnie avec les plus mauvaises recrues du quartier, bien des méfaits. Ainsi dirent les agents de police.

J'ai vu condamner Luc à rester dans une maison de correction jusqu'à 16 ans.

Les juges étaient bien en peine. Ils me demandèrent si je pouvais reprendre Luc, lui fournir les moyens d'existence, répondre de sa moralité. — Non, je ne pouvais répondre de rien.

Luc était trop jeune de quelques mois pour entrer en fabrique avec moi. Il ne savait pas assez pour être « dispensé d'âge ». Je ne pouvais pas demeurer chez moi pour l'y garder. Alors il fallait bien partir... Et voilà, madame, que cela recommence! Et voilà que François sera aussi flétri comme Luc... Dans une maison de correction! Grand Dieu! Je sais maintenant dans quelle compagnie! Je sais comment on sort de ces maisons de correction!

Je suis à vos genoux, madame! Je vous ai tout dit! Je vous implore! — Faites une grande charité. — Allez chez les juges : répondez pour François! Dites que vous le ferez entrer à l'orphelinat municipal. Les juges croiront à votre crédit. Ils vous savent bonne ; allez, madame, allez. Je travaillerai tant que je payerai l'orphelinat. La nuit, toutes les besognes, rien ne me semblera pénible. Allez, madame...

Je pris mon chapeau.

Au tribunal, on suspendit le jugement : on devait le remettre de quinzaine en quinzaine tout le temps nécessaire à la réussite de mes démarches, dont la fin était l'entrée d'au moins François dans un orphelinat.

François fut rendu à sa mère, ou plutôt à l'isolement avec son petit frère Édouard.

Un agent de police, saisi de pitié pour ces pauvres enfants, s'engagea à aller les prendre chaque matin pour les conduire à l'école. L'instituteur recevait « le panier » des écoliers pour toute la journée. Il n'y avait plus de prétexte à sorties. La mère venait les reprendre le soir. Le bon maître d'école les gardait jusque-là.

Par ces précautions temporaires, on évitait les dangers de la rue. L'enfance de François et d'Édouard n'était plus *moralement abandonnée*. Tranquille sur ce premier point de mes engagements envers les tribunaux, je commençai des démarches pour obtenir au moins une entrée à l'orphelinat professionnel municipal de la ville.

Ne pouvant voir d'un coup tous les administrateurs de l'orphelinat, j'entrai chez le plus proche voisin de ma demeure. « Monsieur V..., lui dis-je, je viens à vous d'abord, et peut-être n'aurai-je pas à aller plus loin si vous agréez ma requête et consentez à la présenter à vos collègues, comme vous, gens de cœur, désireux de faire de bonnes œuvres, non seulement « d'après la lettre », mais « selon l'esprit ».

Il convint avec moi qu'arracher un jeune être à l'abjection était d'une urgente nécessité.

« Moins la mère est en état de protéger ses fils, répéta-t il plusieurs fois, plus la société a le devoir de les protéger. » Il me promit l'entrée de François, et, probablement, on admettrait aussi Édouard.

« Ne vous inquiétez de rien, me dit-il en me reconduisant : à la prochaine réunion du conseil, on ratifiera mes promesses, et je vous aviserai officiellement. »

Je pensai qu'il était... politique de mettre la supérieure de l'orphelinat au courant de mes démarches. Elle fut douce et charmante, mais m'avertit que mon candidat ne serait pas admis.

— Pourquoi ne pas demander au tribunal d'envoyer François dans une colonie agricole, à Saint-Hilaire-des-Bois, par exemple ?

— Mais parce que c'est un pénitencier! répondis-je.

— Oh ! pour une brebis galeuse, il faut pourtant
un pénitencier, et on ne peut s'exposer à corrompre
un bon troupeau pour elle.

Je représentai qu'en somme François avait agi
sans discernement, qu'il n'était pas coupable, qu'il
avait huit ans , qu'Édouard en avait sept... Quels
coupables!

Le tribunal ne condamne à la maison de correction qu'à son corps défendant de pareils coupables ! — Il sait qu'un enfant est à jamais perdu,
qu'il devient un louveteau avec les autres fauves,
et qu'à l'âge viril on lâche sur la société cette
bande hurlante et dévorante.

Elle laissa passer mes paroles avec une placi-
dité béate et doucereuse dont je ne fus pas dupe.
Sur ses lèvres, un sourire de non-recevoir expri-
mait cette pensée :

— Mon opinion à moi est faite, et cela suffit...
Et cela suffisait en effet.

La commission déclara qu'il n'y avait plus de
place à l'orphelinat.

Je devinai d'où venait le coup.

Plus douce encore qu'à ma première visite, pa-
teline dans son humilité feinte, elle me montra
les considérants qu'elle avait fait valoir « auprès
de la commission toute-puissante ».

La mère, elle le savait, avait été mêlée à des
femmes de mauvaise vie ; on ne pouvait recevoir

ses enfants, car, pour la place, mon Dieu ! en se gênant un peu, on s'arrange toujours...

Pauvres enfants ! — Pauvres administrateurs...

Dans la même semaine, et pour bien *affirmer* son dévouement à *l'ordre civil*, la religieuse patronnait auprès des administrateurs un jeune garçon de 11 ans en état de vagabondage. Il était présenté par une femme vénérable ayant fondé, comme pendant à l'orphelinat municipal de garçons, un orphelinat municipal laïque de filles.

Quel triomphe ! La religieuse protégeant le protégé d'une femme qui, *surtout auprès de jeunes filles, pensait qu'il était nécessaire de mettre des femmes ayant vécu de la vie du monde, de la vie de famille.* Et puis, Mme G... était bien âgée, et ne pouvait-on espérer un revirement dans ses idées à force de mansuétude pour elle ?...

Le jeune X... avait pour mère la pire des gredines. Ayant dans le sang, par atavisme, une honnêteté native, il s'était enfui pour ne pas céder aux conseils vicieux de la marâtre qui employait les coups comme moyen de conviction.

La mère du pauvre François s'était humiliée jusqu'à servir de cuisinière dans un lieu où tous ses instincts d'honnête femme étaient sans cesse froissés, et cela pour empêcher ses petits de mourir de faim ! — Elle avait, par un dur labeur en fabrique, gagné des années le pain de chaque jour, et, à cette heure, mourante encore jeune, en proie à la phtisie du chanvre, comme un cheval étique qui crève dans sa charrette de misère, elle se mourait à la peine. — Pauvre femme ! Pauvres administrateurs !...

Ce n'est pas tout. Le même ordre religieux employé par l'administration municipale est également employé dans un orphelinat agricole libre, fondé par Mᵍʳ Freppel, au lieu appelé « La Plaine ». C'est là que la directrice de l'orphelinat municipal a fait placer François et Édouard. Énigme ?... J'en connais le mot. Pauvres administrateurs !

Et vous voyez bien que, même avec tous les administrateurs d'un orphelinat professionnel laïque pour amis on ne peut pas toujours servir les bonnes intentions d'un bon tribunal, pourvu de juges humains et philosophes.

Les syndicats d'*ouvriers* fondent des *orphelinats professionnels*, et leurs délégués veillent au mieux des intérêts éducatifs, de la bonne morale, de la bonne conduite des enfants. Ils veillent à ce que ces enfants ne se sentent pas « isolés », à ce qu'ils ne sortent pas de la famille ouvrière.

Les sociétés réunies de secours mutuels mettent *leurs orphelins* aux orphelinats municipaux. Ces orphelins sont les *pupilles* des sociétés ouvrières laïques. Voilà une tendance imposante et manifeste, toute à l'honneur des ouvriers. Quel enseignement ! — Mais Jupiter aveugle ceux qu'il veut perdre...

Oh ! je vois d'ici de longues mains pâles se frot·ter avec jubilation sous leurs manches amples : Bonne besogne ! Pauvres administrateurs !...

CHAPITRE III

Chefs d'ateliers.

On sait trop peu la véritable acception de *ce titre* « chef d'atelier ».

Au point de vue juridique, on a eu mille peines à en établir la valeur, dans l'importante question des prud'hommes.

On s'imagine, en général, voir, sous cette dénomination, un homme établi, payant patente, et employeur d'ouvriers à son profit; enfin on s'imagine avoir affaire à *un patron*.

C'est là une confusion *d'état social* amenée par ce mot *chef*.

Or, il suffit de travailler *chez soi*, avec ou sans adjonction d'aides, d'ouvriers, femmes ou enfants, pour être « chef d'atelier ».

Les *canuts* lyonnais ayant leurs métiers chez eux sont « chefs d'ateliers ».

Les *cordonniers* prenant leurs matériaux bruts à la manufacture et les reportant ouvrés sont « chefs d'ateliers ».

Les *couteliers* affilant ces merveilleux outils dans leurs demeures respectives sont « chefs d'ateliers ».

Les *tisserands* dans leurs caves maniant le fil de la trame sur l'antique *ensuble* (métier) sont « chefs d'ateliers ».

Les ouvriers de Paris — ouvriers en chambre — qui ont porté si haut le renom de notre goût à l'étranger, ces bronziers, ces doreurs, ces sculpteurs, ces graveurs, etc., etc., sont « chefs d'ateliers ».

Il y a dans cette situation « de chef d'atelier » un commencement de bourgeoisie intimement et inséparablement liée à la masse ouvrière. Ayant plus de droits déjà, mais ayant à cœur et à honneur de profiter de ces avantages pour amener les retardataires à en profiter comme eux, c'est surtout dans les rangs des « chefs d'ateliers » que les ouvriers ont leurs meilleurs et plus sûrs représentants.

Les chefs d'ateliers, à notre époque, rappellent encore les habitants des anciennes *cités restées libres* aux plus noirs temps de servage.

La ville de *Pontarlier*, par exemple, où *les bourgeois ouvriers* ne perdirent jamais aucune de leurs franchises, où le marteau ne cessa de résonner sur l'enclume *au profit de la forge* et non au profit des moines ou des seigneurs.

Ces villes privilégiées servirent d'excitant aux autres cités, et les communes, peu à peu, achetèrent ce qu'elles n'aliénèrent jamais volontairement : — La liberté du travail.

Le chef d'atelier, ai-je dit, a des droits autres que l'ouvrier travaillant sous le contrôle direct des patrons ou de leurs représentants : les contre-maîtres. On a voulu confondre le contremaître avec le « chef d'atelier ».

Outre que la situation n'est pas la même, les droits sont différents.

« Le chef d'atelier » peut élire des prud'hommes et être prud'homme lui-même; le contremaître n'est, en cette matière, ni électeur ni éligible.

L'entrepreneur n'a pas les mêmes droits que le contremaître.

L'employé à la caisse ou à toute autre fonction dans laquelle on *ne transforme pas* une *matière première* ou une *matière déjà ouvrée* n'est pas « un ouvrier » au point de vue juridique.

On sent encore peser sur ces questions le lourd fardeau des traditions, des réglementations, des barrières. Beaucoup d'entraves sont brisées, il en reste encore : c'est trop.

Je suis loin cependant de ne rien voir édifier

avec plaisir, sinon d'analogue, au moins d'aussi efficace, dans notre nouvel état économique, que l'ont été les jurandes et les maîtrises sous l'état féodal.

Ces institutions ont rendu des services de garanties mutuelles; elles ont été un degré de l'évolution sur lequel on s'est un peu trop arrêté, mais qui n'en a pas moins marqué le chemin entre le servage et la liberté.

Jeter à bas l'ancien édifice social était faire une bonne besogne. Nous n'avions plus besoin de seigneurs. Nous voulions produire pour tout le monde. Nous voulions consommer comme tout le monde. Nous ne sentions plus que les chaînes des réglementations quand se leva « l'ère nouvelle ».

La révolution, par des réformes encore plus radicales, mais faites avec méthode, devait guider le torrent qui allait s'épandre à l'aventure... Nous avons écrit : La révolution devait... Pouvait-elle? Était-elle à la fois un moteur et un frein?... Si oui, elle a manqué à un grand devoir. Mais ne jetons pas la pierre à cette impétueuse et noble mère. Nous tenons d'elle la liberté, sachons nous en servir! évoluons, évoluons, c'est par le mouvement qu'on arrive à la stabilité.

Alors les détenteurs de terres, des biens, des libertés, étaient aveuglés par leurs intérêts de caste; ils n'apercevaient par les misères du peuple;

3.

ils commettaient le rapt du bien public, du haut de leurs donjons, sans malice, comme une chose naturelle. Beaucoup de ces seigneurs n'étaient pas « de mauvaises gens ».

La nature humaine n'ayant pas changé, ne devons-nous pas craindre que « les bonnes gens » de notre xix⁰ siècle n'aient un bandeau sur les yeux quand il s'agit de juger des intérêts, en apparence, opposés aux leurs?

Ne devons-nous pas redouter des antagonismes haineux entre catégories d'hommes qui ne devraient former qu'une seule et même grande famille?

Ne devons-nous pas crier : Casse-cou! en grand tapage, si nous voyons en « voyants » les précipices recouverts de pampres dans lesquels les pauvres... antagonistes vont se précipiter tête basse?

Sous prétexte de modestie, c'est un immense orgueil de se taire parce que sa faible voix ne sera pas entendue de la multitude et des puissants. Crions donc toujours : Gare! en face d'un danger; ne laissons pas s'accomplir des crimes anti-sociaux dans le désarroi du « laissez faire » général.

Nous sommes sortis de la phase d'individualisme sauvage, où l'homme, « bête, » cherchait sa pâture et celle de ses petits, librement, dans les forêts inextricables, dans les solitudes profondes, dans les gorges humides peuplées de géants batraciens, et où il dévorait sa proie dans les cavernes rocheuses, avec une compagne non moins sauvage que « l'ancêtre » antédiluvien.

Quel instinct de sociabilité il a fallu à la race humaine pour franchir la distance qui sépare « l'ancêtre » des grottes isolées du « chef de famille », des villes ou des campagnes au dix-neuvième siècle.

Le besoin, qui nous a réunis en faisceau pour accroître nos énergies, nos facultés, notre bien-être, sans rien ravir au charme de la personnalité, a ses vertus propres. Ce besoin de cohésion dans la liberté ne pouvait rien inventer de plus efficace que le régime social sous lequel nous vivons.

Désormais l'État, mythe représentant la collection d'individus, par nation, l'État est en puissance d'agir au mieux des intérêts généraux de sa nation d'abord, en tenant compte, autant que faire se peut, des liens, des parentés de peuple à peuple, pour, de proche en proche, relier chaque famille humaine à la grande et unique humanité.

Dans cet ordre d'idées, il est évident que l'État peut, sans outrepasser sa mission, monter à la scientifique tour Eiffel, et de là, dominant les sommets modernes, observer les rouages meurtriers de maintes forteresses : le capital, la centralisation, ou captation des industries, du commerce, les monopoles non justifiés, etc., etc.

Au fur et à mesure que l'évolution humaine montre une nouvelle face de ses manifestations, l'État a le devoir de s'enquérir de l'*équité* de cette manifestation, de ses besoins, de ses tendances, pour maintenir le droit de chacun et assister tout ce qui concourt au bien-être général, à la richesse publique ou sociale. La vie publique, la vie intellectuelle et morale, sont sans contredit les premiers points qui doivent fixer son attention.

L'organisation du travail, et non la réglementation du travail, tout l'ordre social qui s'y rattache, doit préoccuper l'État et le préoccupe en effet au plus haut point. Le programme s'élargit; il est immense : les écoles, les apprentissages, la protection de l'enfance, du travailleur, par l'hygiène des usines; celle de la jeune fille et de la femme, non parce qu'elles sont destinées simplement au ménage et à produire des enfants, mais à titre d'adolescentes et de l'un des termes de l'humanité égal au terme masculin.

Nous ne croyons pas les questions ouvrières seules intéressantes; nous les mettons en cause ici presque exclusivement parce qu'elles y sont à leur place, mais sans dénier en rien à d'autres branches de l'arbre social le droit à la sollicitude de l'État, et cela, au point de vue général et particulier d'intérêts primordiaux. Nous savons qu'il faut répartir la sève qui, comme un sang généreux, alimente et vivifie toute l'humanité. Ceci exprimé, nous sommes à l'aise à notre barre pour y plaider la cause du travail, sinon en avocat éloquent, du moins en penseur convaincu.

Il faut conclure, en ce qui concerne « les chefs d'atelier », qu'ils sont *le type ouvrier* par excellence, celui pour lequel l'État a plus de ménagement, je dirai presque de faveur, puisqu'il est celui auquel il accorde le plus d'influence, notamment dans la question des prud'hommes.

Le prud'homme étant comme le fondé de pouvoir des parties : ouvriers ou patrons, les droits intellectuels et moraux de ces représentants sont d'une valeur considérable.

C'est en raison de ces droits, de la consécration que l'État leur accorde, que nous avons placé le programme des améliorations urgentes sous l'égide des « chefs d'atelier », nous réservant de développer çà et là, au fur et à mesure de notre récit, quelques lambeaux des thèses propres à ces divers sujets.

Évidemment, l'État doit chercher à étendre sur le plus grand nombre de travailleurs possible le bien-être, le mieux être, la considération morale accordée par lui « aux chefs d'atelier »; car, s'il est bon en toutes choses d'avoir une élite, c'est à la condition qu'elle soit accessible à tous, qu'elle devienne de plus en plus nombreuse, de façon à faire reculer, disparaître devant elle la lie populaire qu'il est impossible de clarifier, de s'assimiler, de longtemps du moins.

L'indépendance relative « des chefs d'atelier » semble être la raison péremptoire de la faveur dont ils jouissent. Si les députés font les lois, le corps le plus *vivant*, le plus *agissant*, le plus *complet* du travail doit, dans son action incessante, dans ses rapports journaliers avec la masse ouvrière, préparer de bonnes lois, en les faisant passer d'abord dans les mœurs, en sorte qu'il n'y ait plus qu'à acclamer la sanction qui leur est due.

De proche en proche, d'amélioration en amélioration, il faut convier tous les travailleurs à l'indépendance, en les dégageant de plus en plus du salariat pur et simple par des encouragements aux associations, soit entre patrons et ouvriers : participations aux bénéfices, ce mode nous semble le plus équitable, — soit pour des associations purement ouvrières; enfin, en s'appliquant en toute circonstance à diriger, isolément ou par groupes, tous les travailleurs vers une position digne de leur double titre d'hommes et d'ouvriers.

CHAPITRE IV

Le travail tel qu'il est aujourd'hui.

Aujourd'hui, les travailleurs de tous les genres, de tous les degrés, sont sur les rails du progrès, de l'estime, de la considération ; bientôt ils n'interrompront leur marche que pour regarder avec étonnement l'homme inactif, l'esclave des siècles futurs.

La ruche ouvrière aspire les sucs du progrès, elle se perfectionne, elle homogénise, si l'on peut s'exprimer ainsi, ses diverses molécules; elle conçoit plus nettement les lois de solidarité qui la régissent, et qui, jusqu'alors, n'étaient chez elle qu'à l'état embryonnaire (1).

Après avoir déterminé, tout en les généralisant,

(1) Depuis que la Révolution avait fait table rase de toute organisation ancienne, d'ailleurs devenue vicieuse en face des besoins nouveaux.

les tendances morales des prolétaires, voyons-les à l'œuvre, entrons de plain-pied dans l'organisation du travail.

Prenons par exemple un atelier de mécanique.

On peut diviser le personnel en deux branches. L'une, composée de forgerons, tourneurs, ajusteurs, chaudronniers, modeleurs, fondeurs, etc., forme la base intelligente, raisonnante, le noyau de la maison ; l'autre, ne comprenant que des individus sans état, généralement sans instruction, est la partie flottante des chantiers : ce sont des manœuvres, hommes de bras, hommes de peine. Cette dernière expression rend bien l'impression pénible ressentie en songeant à eux ; leur salaire minime, leurs emplois changeants, sans attrait, car, ne faisant rien par eux-mêmes, ils ne peuvent ressentir l'amour-propre de leurs œuvres, tout est pour eux indifférence ou découragement. Sans attache nulle part, ils vont où quelques centimes de plus les appellent, et perdent ainsi, après en avoir subi les charges, les avantages nécessaires d'un séjour prolongé dans un même lieu.

Gagnant peu, ils vivent chétivement ; aussi sont-ils, à âge égal, plus cassés que les hommes ayant un état. S'ils sont jeunes, qu'ils aient de l'esprit, ils font tout pour franchir cette impasse, et il n'est pas rare d'en voir arriver au premier rang. Là, une vie nouvelle commence pour eux.

Il ne faut pas craindre de voir s'accentuer cette tendance au mieux être de l'ouvrier. Il ne faut pas redouter que les capacités se multiplient. De deux choses l'une, ou les outils viendront suppléer l'homme pour certaines besognes, réputées viles, ou l'homme sera, par son mérite, au-dessus de la vulgarité de ses occupations, et cette vulgarité ne l'atteindra pas dans sa dignité d'homme intelligent. Les travaux les plus rudimentaires sont accomplis sans peine quand on a en soi des éléments de pensées qui les relèvent, ou qui permettent de s'en isoler si, décidément, le travail est d'un ordre tout machinal.

*
* *

Les machines, les outils se perfectionnent, se multiplient, allègent le travailleur, et si l'on n'est pas encore arrivé à la réalisation du songe d'Edmond About : — voir le mécanicien et l'ouvrier artiste venir à leur travail en simples amateurs, — au moins n'y a-t-il plus de comparaison pour le grand nombre entre le labeur présent et celui d'il y a une trentaine d'années.

Chaque pièce est calculée, dessinée, cotée, avant d'être mise entre les mains d'ouvriers spéciaux. On sent combien, dès lors, l'exactitude devient aisée. Il ne s'agit plus des croquis crayonnés *grosso modo* des anciennes méthodes empiriques.

Une pléiade de jeunes gens, sortis pour la plupart des écoles d'arts et métiers, joignent aux connaissances pratiques de fortes études théoriques et l'art du dessin. Ce sont les préparateurs spirituels des travaux de l'usine.

Leur concours réalise l'économie de temps, de main-d'œuvre et de matières premières; puis, comme le progrès engendre le progrès, ces améliorations développent le sens mathématique dans l'intelligence de l'ouvrier et ouvrent leur esprit sur les questions de cotes, de proportions d'ensemble dont ils doivent se pénétrer avant de réaliser un bon travail. « Tout est dans tout, » dit Jacotot. Il faut partir d'un point connu pour arriver à l'inconnu. Il est certain que la rectitude de l'intelligence acquise au travail peut s'étendre à la politique ; aussi voit-on, parmi les ouvriers, des hommes remarquables dont l'esprit droit et ferme est à l'abri des utopies et des paradoxes subversifs, causes de si grands malheurs chez le peuple aveuglé par l'ignorance et la misère.

Des tourneurs, conduisant plusieurs machines, regardent s'avancer avec lenteur et une sorte de consciente férocité placide l'outil formidable qui mord le métal; ils veillent à l'exécution de quelques grosses pièces, dégrossies par le marteau-pilon, et qu'il faut mettre parfaitement cylindri-

ques, polir comme un miroir. D'autres, armés
d'un crochet incisif, pèsent eux-mêmes sur la pièce
à tourner. De petits copeaux, filigranes de fer,
d'acier ou de cuivre, jonchent le banc du tour de
scintillantes paillettes métalliques.

Ici, une longue ligne d'étaux fixés à une immense
et massive tablette : le grincement de la lime ; le
corps ployé et oblique, les bras en avant, l'homme
fait des passes d'aller et retour sur la pièce à lui
confiée, et cette pièce se proportionne, s'harmonise,
s'agence. A côté, la vibration sèche et nette du
burin qui s'enfonce dans le métal, le coup sonore
du marteau : c'est le quartier des ajusteurs.

Le ronronnement monotone et fuyant des pou-
lies, le crécellement aigre des machines à percer,
le clapotement des engrenages noueux, le tour-
noiement des courroies qui s'allongent et se re-
plient — guetteuses cruelles de proies. — Les
hommes circulent avec insouciance au milieu de
cet enchevêtrement de dangers, où une seconde
d'inattention peut leur être fatale, et, chose horrible,
la machine se les approprier dans un broiement
sinistre et silencieux, revanche de la matière sour-
noise et toujours indomptée contre l'homme — son
maître. — Voilà l'aperçu succinct de cette partie
de l'atelier.

Plus loin les forges, une dépendance de l'industrie, attirent l'attention.

Les Vulcains modernes, assistés de leurs frappeurs, font jaillir sous leurs marteaux la triple bordée du métal incandescent en paillettes étincelantes. Ces hommes, aux vêtements en désordre, la poitrine découverte, les bras nus, la taille ceinte du rustique tablier de cuir, noirs comme des démons, chantent quelques refrains originaux dans la pénombre du foyer, aux lueurs d'un rouge bleuâtre, mornes et errantes !

> Que ta voix de fer,
> Mon marteau, résonne
> Pour glorifier le travail et Dieu !
> Que ta voix de fer,
> Mon marteau, résonne
> Pour glorifier le travail et Dieu !

Le travail a son rythme comme toute poésie.

Les forgeurs africains chantent en cadence, en martelant les noix d'or pur ou de fer natif de leur sol lumineux comme leur soleil.

L'air lancé par le ventilateur soulève tout à coup les flammes indécises en une ardente fournaise ; des flots de lumière éclairent fantastiquement les hommes et les choses.

Si une seule branche de travail fait naître tout un monde de pensées inattendues, sérieuses, profondes, que sera-ce donc de son ensemble ?

Pour forger cette barre de fer, il a fallu passer

par toute une série de découvertes, d'analyses; il a fallu ouvrir le flanc des montagnes pour en extraire le minerai, ou creuser jusqu'au sein de la terre pour lui arracher ses trésors. Les exploitations des mines, à quelles découvertes n'ont-elles pas conduit en minéralogie, en zoologie, en chimie?

D'autres merveilles sont la fusion du minerai dans les hauts fourneaux, ses diverses transformations, les additions apportées aux procédés primitifs, la confection des outils : enclumes, marteaux-pilons et autres, du soufflet de forge, des ventilateurs. Combien de générations successives ont donné leurs facultés, leurs sueurs fertiles, pour arriver à ce résultat qui nous paraît si simple maintenant qu'il est obtenu !

De nos jours, le travail, dégagé de toute entrave, appelle toutes les collaborations, donne toutes les facilités d'exécution; notre siècle offre à tout homme de bonne volonté les éléments de réussite. Aussi, combien d'inventeurs, poussés, arrêtés, encouragés, découragés tour à tour par les intermittences de succès et d'insuccès de ces arènes pacifiques du progrès, sont enfin arrivés à transformer la métallurgie, en s'aidant des découvertes de leurs devanciers!

Il est de l'essence humaine de chercher incessamment à améliorer ce qui l'environne. A mesure de l'élévation du niveau moral, la masse des hommes s'éclaire, les domaines de l'industrie, de l'agriculture, du commerce, s'étendent; car ce qui était seulement compris et appliqué par quelques privilégiés l'est à cette heure par des milliers d'individus.

On ne saurait trop le répéter : ce qui honore le plus l'homme sur la terre, « sa magnification, » c'est le travail. Chacun a sa tâche à accomplir dans le « grand œuvre » commun; chacun doit y apporter sa petite part pour enrichir la masse universelle; chacun doit son grain de sable à la grève de l'humanité! Le travail a en lui un attrait aimanté; il est un lien poétique, mystérieux, étrange, faisant des hommes *l'humanité!*

Il est une expression anonyme de la puissance de l'homme, un des signes philosophiques de sa supériorité sur les autres êtres. — Le travail est le contrat des libertés humaines, de la dignité humaine. C'est une action de grâces au *Maître universel!...*

Écoutez encore à travers les vibrations du métal les accents de ces mâles poitrines :

> Que ta voix de fer,
> Mon marteau, résonne,
> Pour glorifier le travail et Dieu !

Mais un bruit assourdissant trahit le voisinage des chaudronniers et force mon attention. Je fais des vœux bien sincères pour qu'une invention nouvelle, et à coup sûr inattendue, dote cette jeune industrie d'outils à sons mats. — Déjà, dans les grands travaux de chantiers, on emploie les machines à river, les machines à chanfreiner, pour l'exécution de ponts, de vaisseaux en fer, de fermes; pour les constructions telles que gares de chemins de fer, magasins, halles, genre nouveau appelé à une immense extension et qui détrônera pour les grands édifices les boiseries massives, les poutres énormes dont les constructions d'autrefois étaient tributaires obligées de par la pénurie de fer.

La chaudronnerie, comme toutes les choses nouvelles, n'ayant pas dit son dernier mot, a donc beaucoup d'avenir. Il ne faut pas s'imaginer pour cela qu'elle peut tout, et toujours remplacer l'ancien état de choses par vertus singulières, sans aucun inconvénient. Lorsque, par exemple, dans un bâtiment poutrellé de fer, la combustion des matières inflammables à chauffé le fer de la charpente, ce fer *se dilate* et *pousse les murs*, les fait tomber. Puis, il fléchit et entraîne dans sa chute ce qu'il était destiné à soutenir! Cette mauvaise besogne s'explique par ce que tout le monde sait : — le fer travaille—comme le bois vert, dont il faudrait lui appliquer en pareil cas une belle volée.

Ceci explique qu'il ne faut pas voir le progrès avec l'optimisme aveugle d'un enthousiasme irréfléchi, mais avec l'œil clairvoyant du sage. Oh ! du sage qui, comme Jules Simon, se rappelant avoir fait ses premières *tournées électorales dans un char traîné par des bœufs*, disait, après une glorification du progrès : « Après tout, si vous ne me croyez pas, prenez l'omnibus; il vous conduira au Champ-de-Mars. Allez-y voir, l'Exposition est là. »

La fonderie, avec ses travaux souterrains, aménagés par les mouleurs, éveille la curiosité. C'est le moment de la coulée.

Tous les hommes sont réunis autour du « cubillot ». Le chef fondeur, appréciant, par la pratique, que la quantité de fonte descendue est suffisante pour la pièce à couler, perce le « chenal ». Le métal en fusion tombe comme une cascade ardente d'un blanc éblouissant dans une « poche » en tôle, garnie à l'intérieur de terre réfractaire.

Des milliers d'étincelles pétillantes rejaillissent et s'épanouissent en fusées d'artifice du sein de ce ruissellement de feu métallique.

Les hommes semblent invulnérables, impassibles au milieu de ces gerbes de feu ; chacun remplit son emploi avec précision.

Un tampon en sable de fonderie sert à reboucher le « chenal ». On ôte le « laitier » qui flotte à la surface de la fonte ; les commandements se succèdent, se précipitent. Les longs bras d'une grue emportent le métal liquide pour le verser dans des moules ; « l'écrémeur, » monté sur un échafaudage branlant, malgré une clarté aveuglante, la chaleur, le danger, repousse les scories qui se forment. Il est effrayant à voir, environné de flammes qui surgissent de tous côtés et s'échappent en sifflant des moules. — Le sol se couvre de lueurs bleuâtres phosphorescentes, qui s'allument comme des traînées de poudre. Légères, dolentes, comme fluides, avec des assonances sans voix, — on dirait çà et là des danses de farfadets, ces feux qui volent et tressautent dans une allégresse morne ; — de sourdes détonations, des crépitements souterrains se font entendre.

Halte ! — Le moule est plein. Le calme se fait, grave comme le destin ; le maître fondeur ordonne, dirige et parfois exécute.

La vie des hommes de son équipe étant moralement sous sa responsabilité, aussi bien que la réussite de la « coulée », il veille à toutes les manœuvres avec une grande présence d'esprit et une autorité de capitaine de navire à son bord.

Le travail de la fonderie est celui qui attire le plus de visiteurs ; ils en saisissent facilement l'ensemble et les détails principaux; le reste a pour eux un charme inexpliqué qui les empoigne.

Les modeleurs exécutent en bois, d'après les dessins du bureau des études, des modèles que les mouleurs tracent dans le sable et que les fondeurs coulent en métal.

Au montage, se terminent et s'assemblent les différents organes qui constituent une machine; on s'y rend compte de leur bon agencement.

Pour charger, expédier la commande, on a recours à l'aide de « ponts roulants », de « chariots », de «grues», etc.

En général, les travaux sont désarticulés pour le transport, et « les monteurs » vont chez les industriels pour y opérer la livraison; pour le montage et l'épreuve, les ouvriers d'élite sont des ajusteurs chez lesquels on a reconnu une intelligence déliée, un esprit politique, de l'amour-propre et beaucoup d'initiative, car ils représentent presque les patrons; dans les cas urgents, ils doivent prendre sur eux de les remplacer tout à fait.

Les bureaux, le magasin aux menus outils, une machine à vapeur, dont la force motrice met en mouvement les autres machines, voilà le complément de cette usine, dont les diverses artères sont reliées entre elles par un besoin incessant les unes des autres et la nécessité de s'alimenter à la même source; toutes, partant de diverses directions, convergent vers le même but.

On peut assimiler *la machine* à une personne. Dans son inanité elle vit; elle a un cerveau, un cœur, des membres; rien d'elle ne peut être retranché sous peine de n'avoir plus qu'un corps inerte désormais sans fonctions.

CHAPITRE V

Solidarité et dignité des travailleurs. Quêtes. Société de secours mutuels.

Du continuel rapprochement d'individus pris dans un même niveau social, jouissant des mêmes privilèges, luttant contre les mêmes difficultés de la vie, naît, c'est naturel, une sympathie de plaisir et de souffrance, qui porte les ouvriers à se soutenir, à se secourir mutuellement. Ainsi, quand l'un d'eux frise la misère, par suite de blessures, de maladie, il inspire leur pitié.

Touchés de son état, des cœurs compatissants organisent entre eux une quête dans l'atelier; ils la renouvellent si l'état du patient l'exige.

Ce secours spontané, fraternel, est noble et digne. Ce n'est pas le don humiliant du riche, abandonnant une partie de son superflu, créant une obligation sans contrepoids qui enchaîne la dignité du pauvre, puisqu'elle le voue, sans acquittement possible, à une reconnaissance d'automate.

L'aumône du riche entraîne le plus souvent avec elle le maintien du paupérisme; elle entretient dans l'inaction des parasites mendiants, la honte de la société et le foyer des vices qui dévorent le bas peuple.

Ce qu'il y a de grand, de généreux dans la charité, ce n'est pas le don par lui-même; car, ainsi, il n'est que matière brute et ne peut produire que des effets matériels; mais qu'il en est autrement de la manière dont il est offert, des causes, des sentiments qui l'ont déterminé et qui l'accompagnent!

Donner n'est rien, bien donner est tout; par ainsi la charité du cœur grandit et celui qui donne et celui qui reçoit; elle les unit dans une sorte de communion, où les sens spiritualisés perçoivent *le beau visible* d'un nouvel évangile, d'une lumière qui appelle la lumière, illumine l'œil librement *voyant* du penseur.

Le travailleur, fier de son indépendance, accepte seulement ce qui lui appartient soit à titre d'acquis, soit à titre d'emprunt. Il veut rendre, il ne veut pas devoir. Un sentiment nouveau de dignité personnelle tend même à supprimer les quêtes, si fréquentes il y a quelque vingt ans, bien que consenties de part et d'autre, avec la perspective de la revanche; elles ne forment qu'un prêt sans échéance, bien distinct de l'aumône.

La conscience du peuple, au fur et à mesure qu'elle se familiarise avec l'instruction, devient de plus en plus ombrageuse.

C'est cette louable susceptibilité qui a présidé à la création des caisses de secours dans certains ateliers et à la déchéance des quêtes qu'elles remplacent d'une manière plus équitable et plus conforme à l'état moral des esprits à notre époque.

Bientôt les quêtes dans les ateliers ne se feront qu'exceptionnellement, et de plus en plus exceptionnellement, au fur et à mesure que s'étendront les réseaux des sociétés de secours mutuels.

Les caisses de secours sont une assurance mutuelle. En cas de maladie, par suite d'une cotisation, de 1 0/0 par exemple, sur leur paye mensuelle, les ouvriers incapables de travailler par suite d'accidents, en dehors d'intempérance, imprudence ou occupations personnelles, reçoivent un franc par jour, un franc ving-cinq, un franc cinquante, selon la richesse de la caisse. Plus il y a de malades à l'atelier, moins la caisse est riche.

Bien que le concours des patrons soit nécessaire, en ce qu'il simplifie les rouages de cette institution, une fois leur adhésion donnée, il agissent avec sagesse en ne pesant en rien sur l'organisation, la gestion de cette œuvre essentiellement ouvrière (1), afin que ceux qu'elle intéresse le plus prennent de l'initiative, raisonnent au lieu de sentir, remédient au lieu de murmurer, développent en eux un sens qu'on pourrait nommer celui de *l'économie plébéienne*.

Cette science leur donne la clef de l'élévation de l'individualité, en même temps la mesure de la force qui résulte de leurs associations (2).

Les caisses de secours mutuels proprement dites sont à part de toute usine, atelier, manufacture, maison de commerce; en un mot, elles ne relèvent que d'elles-mêmes, ont la suprématie sur les caisses particulières à ces maisons.

Elles relient, mêlent, dans l'intérêt général, des professions diverses, des agglomérations diffé-

(1) La partie comptable de cette œuvre est faite par les employés de l'usine en même temps que les autres comptes de la maison ; l'argent reste dans l'industrie et rapporte tant pour cent, ce qui augmente encore un peu *la rente* destinée aux secours.

(2) La caisse de secours ne s'étend pas au delà de l'atelier; elle y retient l'ouvrier, qui perd sa mise en le quittant; elle n'empêche en aucune façon de faire partie des sociétés de secours mutuels qui donnent gratuitement aux malades les médicaments, le médecin et, par jour, une somme variable selon la richesse des classes ouvrières. Il est aisé de comprendre combien ces institutions ont une heureuse influence sur les masses, en atténuant la démoralisation qu'amène la misère et ses découragements.

rentes qui, sans elles, seraient restées sous le bât de l'habitude et de la coterie, ne se triant pas selon l'honorabilité ou la non-honorabilité, mais selon l'impasse des états, des positions.

Cependant, du sein de ces associations, de ces assemblées, se dessinent et émergent, au-dessus du niveau, les caractères, les aptitudes, les intelligences. Le vote des associés désigne ces capacités et leur assigne des fonctions particulières dans le bureau. Le bureau nomme des commissions. L'arche sainte des statuts, la gérance des fonds de ces petites républiques, sont entre bonnes mains.

Ainsi se forme une administration intègre, enthousiaste des progrès physiques et moraux ; elle pousse constamment hors de l'ornière le char auquel elle est attelée.

Dans le cerveau élargi de ces libres penseurs du peuple, passent les grandes torches humaines, dont le doigté est si difficile à saisir, même quand on a la certitude du jugement, comme le musicien a la justesse de l'ouïe. Grande est pour eux la difficulté d'harmoniser des tempéraments distincts, formés d'éléments divers, et ces masses intermittentes, flottant sans cesse à la surface de toutes les opinions, sans savoir à quelle rive jeter l'ancre.

Malgré des difficultés sans nombre, forts du

bien qu'ils peuvent faire, ces législateurs improvisés s'identifient à des besoins qu'ils connaissent à merveille ; leur instinct, leur flair, exempt de toute ambition autre que la bienfaisance fraternelle d'hommes à hommes, de sociétés à sociétés, les sert sûrement.

Leurs efforts ont déjà donné aux travailleurs, grâce aux sociétés coopératives de consommation : le pain, le vin et autres denrées alimentaires de première nécessité, à meilleur compte et de qualité supérieure aux produits similaires des détaillants, par les achats en gros, faits aux provenances directes, et payés au comptant.

Toute une série d'excellentes innovations entretient parmi les travailleurs l'esprit d'ordre, d'épargne, de confraternité.

Les caisses de retraite pour les vieillards, sortes de tontines spéciales, donnent une petite rente au sociétaire à partir de 60 ans d'âge. En cas de mort, la veuve hérite de moitié de cette rente.

Les sociétés de secours mutuels réunies adoptent les orphelins des sociétaires. Si la mère vit et qu'elle soit honorable, on l'aide à élever ses enfants ; si elle est indigne, on les place soit chez des particuliers probes et laborieux, soit aux orphelinats municipaux de la ville, soit dans des fondations individuelles, soit enfin dans des orphelinats professionnels d'un syndicat ouvrier, mais toujours en conservant à la société dite « de l'orphelinat » la tutelle de ses jeunes pupilles. Cette tutelle s'exerce jusqu'à vingt et un ans; c'est une des œuvres philanthropiques des plus morales de l'époque.

* * *

Quelques sociétés donnent droit à un coin de terre où, le dimanche, le père laborieux s'occupe d'une manière fructueuse et agréable pour sa famille et lui. Quelle joie de rapporter à la maison ces légumes frais, ces fleurs embaumées dont les riantes couleurs sont la fête des yeux. On me dit qu'en Angleterre une société charitable a pour mission unique d'égayer les logis pauvres en y apportant des fleurs... Quelle bonne pensée !... Et, comme l'air, le nettoyage général suivra.

Pour remédier au vice du cabaret, la plupart des sociétés de secours mutuels sont en même temps des sociétés de plaisirs : des jeux de billard, de quilles, de paume, etc., y sont établis ; les consommations sont bonnes et à bon marché ; les sociétaires, il ne faut pas l'oublier, se vendent à eux-mêmes et à bénéfice, quand ce bénéfice doit être rapporté à une bonne œuvre, comme, par exemple, l'orphelinat des sociétés de secours mutuels.

Dans ces réunions composées de classes épurées, et que les règlements tendent à épurer cha-

que jour davantage, on ne subit jamais l'entraînement si fatal des lieux publics, sauf les jours
de délibérations, réservés aux causeries, discus-
sions, propositions sérieuses; les femmes sont
admises avec leurs maris et autres parents, et, il
faut le dire, elles n'abusent pas de cette autorisa-
tion, comprenant que la place d'une mère de famille est surtout au milieu de ses enfants, que
ses distractions les plus naturelles sont les soins
du ménage, négligé par beaucoup d'entre elles
pendant la semaine pour un travail lucratif; cependant, quelques bals sont donnés chaque année, où le père et la mère n'hésitent pas à conduire leurs filles. Les jeunes gens se connaissent,
se plaisent; les pères se serrent la main; les mères
s'observent; plus tard, on pourrait bien marier
ces enfants-là.

Le plaisir développant le corps et l'esprit est un
besoin inné chez les jeunes êtres; on peut même
dire qu'il est utile à l'intelligence de tous les âges;
mais pour les adolescents sa direction est une
chose grave, à cause de la fougue, de l'entraînement avec lesquels ils s'y livrent.

Les sociétés, partant de l'ouvrier pour arriver
aux plus hauts rangs, laissent à chaque degré
quelque chose de leurs bonnes attributions, et du
moment, en général, qu'elles prennent le nom de
Cercle, elles perdent toute leur saine physionomie.

Si j'en fais mention, c'est pour compléter la donnée sur les sociétés de plaisir et montrer qu'elles ont leur place à tous les échelons de la hiérarchie, tandis que les sociétés *hautement* dénommées de *Secours mutuels* restent purement et simplement des sociétés ouvrières (1).

Quelques patrons, industriels ou commerçants, à la veille d'élections municipales, ou même législatives, ont cru pactiser avec le peuple, le séduire, en s'enrôlant avec lui à titre de membres honoraires. Ils ont eu tort.

Ces associations ayant un but sérieux, pratique, égalitaire, le sens droit de l'ouvrier a été blessé de trouver dans son sein des éléments de fantaisie n'ayant pas leur raison d'être. Quel est le patron qui acceptera les bénéfices auxquels lui donne droit sa cotisation et les charges que lui imposent sa qualité de membre?

Le tribut, en ce cas, devient une offense pour l'ouvrier qui le reçoit et dont la délicatesse sensitive répudie toute tentative du vieil autrefois sur la maîtrise parfaite qu'il entend avoir de lui-même et sur ses œuvres.

(1) Ce n'est pas que maintes autres sociétés ne soient au fond des sociétés de *secours mutuels ;* au premier rang, il faut placer les cinq sociétés fondées par le baron Taylor pour aider *les ouvriers* de l'art et de la pensée. Puis d'autres encore, entre commerçants et dans les diverses branches de l'industrie, etc.

* * *

J'ai cherché à faire voir l'ouvrier sous un jour progressif, à faire comprendre combien le *travail* est différent de ce qu'il était jadis ; quelle distance il y a entre la machine humaine vivant sous le coup dégradant de la misère, peinant du berceau à la tombe, sans une lueur dans la vie, avec l'homme traitant de son travail, d'égal à égal, le vendant sans voir cette vente entachée de servilité.

L'esprit, dégagé des bas instincts, d'envie, s'élève ; la somme de produit augmente ; le bien-être s'accroît.

Les caisses de secours, les sociétés mutuelles sont là en cas de maladie. Pour tous, bien ou mal rémunérés au chantier, le secours est égal devant le malheur ; il permet à l'ouvrier de se soigner sans qu'il lui en coûte rien, et sa famille vit encore par son chef.

N'étant plus obligé de contracter des engagements fatals vu la modicité de ses ressources, quelques mois de souffrance ne le grèvent pas d'années de *gêne* et de *découragement*.

Cependant si la mort, narguant les affections, les dévouements qui attachent à la vie, l'emporte dans son triste domaine, cette séparation va laisser le désespoir après elle ; tous les moyens pré-

ventifs sont impuissants à remplacer la présence
du père de famille, les bras du travailleur.

Un vide immense se fait dans la famille ; mais,
à l'issue fatale, quand tout est fini, que l'on a
rendu les derniers honneurs au sociétaire, pleuré
l'ami en lui jetant le suprême adieu, il se trouve,
comme au temps des preux, un noble cœur qui,
spontanément, invoque les souvenirs pieux des
assistants pour le voyageur, et désigne sa veuve,
ses enfants à leur fraternité.

Découvert, à la porte du funèbre jardin, le camarade recueille l'obole de chacun ; cette première mise permettra de faire face aux besoins les
plus urgents de la famille affligée, en attendant
qu'elle s'organise pour lutter, pour vivre. — Ces
choses de sentiments vrais se font simplement ;
nul n'y prend garde pour remarquer ce qu'elles ont
de touchant, si ce n'est quelque observateur élevé
dans un autre monde, habitué à d'autres coutumes,
recherchant jusqu'au mystérieux au-delà de la vie
des sujets d'étude et de comparaison... sont-ils à
notre avantage ?

Un reproche fait au peuple, et il est fondé,
c'est l'extrême variabilité de son caractère ; mais
cette variabilité tient à l'insuffisance de son instruction, à ses besoins physiques empiétant sur
sa raison. C'est un grand enfant, dit-on ; il se laisse
mener. Dans ce cas, qu'on le mène au bien en le

fortifiant contre les utopies qui égarent sa bonne foi.

Voyez les enfants auxquels on compare le peuple. L'expérience seule leur manque ; ils sont simples, ils sont naïfs. Vous abusez facilement de leur cré·dulité : ces cœurs d'or ne connaissent pas d'alliage. Mais vienne le jour de la désillusion, ils vous jugent sans appel. Le peuple en effet leur ressemble en cela, d'où vient la consécration de cet adage : « La voix du peuple est la voix de Dieu. »

Reconnaissons les bons côtés de sa nature rugueuse, encore incomplète, malgré les progrès accomplis, et, après avoir regardé en arrière, où traînent tant de retardataires, disons pour eux avec un poète populaire (1) :

Sur le roc du malheur, rameaux abandonnés,
A végéter sans fruits semblent prédestinés.
Loin de les condamner au vent de l'anathème,
De la manne des arts qui pleut sur vos élus,
Riches, versez sur eux l'ineffable baptême ;
Cultivez-les, vos soins ne seront pas perdus.

(1) LACHAMBEAUDIE, *Le Figuier stérile*.

CHAPITRE VI

Le travail.

Tu gagneras ta vie à la sueur de ton front, dit
le livre sacré. — C'est la loi du travail énoncée
dès la plus haute antiquité; c'est la peine des barbares, l'état des esclaves : — c'est *le vieil esprit*.

L'esprit nouveau ne considère plus le travail
comme une peine. C'est l'honneur de notre époque
d'avoir élevé le travail à la hauteur d'un pieux
sacerdoce.

Rechercher les phases traversées par le travail,
les décrire, en tirer les déductions applicables au
présent, serait une œuvre gigantesque, une sorte
de codification philosophique des mutations, en
apparence désordonnées, en réalité harmoniques,
de la progression des idées générales et des transformations sociales, constituant la marche de
l'humanité vers son but terrestre : obtenir pour

l'homme, dans cette vie, la plus grande somme de bonheur possible. Il faut, pour réaliser ce rêve, le concours de tous les membres de la famille humaine, conscients de leurs devoirs et éclairés sur les travaux des générations précédentes.

L'homme doit d'abord éviter toute perte de *force vive* dans la société, avec le soin du mathématicien à se garer d'erreurs de chiffres, du mécanicien à éviter les frottements inutiles ou les dépenses non justifiées du pouvoir moteur.

Tel n'est pas, il s'en faut, l'état actuel de nos sociétés. Je le dis avec peine, mais je dois cette confession au xix⁰ siècle : Quand on examine d'une façon impartiale *nos civilisations*, on s'aperçoit qu'elles ne sont pas si séparées qu'on aimerait à le croire de la *barbarie*.

Malgré l'incohérence du mouvement actuel, une observation attentive nous montre néanmoins la magistrale voie dans laquelle les nations les plus policées devront s'engager *fatalement ou providentiellement*.

Oui, l'instinct collectif de l'humanité a, cette cette fois, saisi la direction de la boussole devant nous conduire au port.

Le travail, présenté par Moïse comme une loi inéluctable, un jugement du Créateur, est devenu l'essence de toute prospérité, de toute vie collective, de toute civilisation raisonnable, et la loi du travail s'impose du fait même de sa majesté et de ses bienfaits. Il s'impose comme la source du progrès, du bien-être légitime, de l'élévation des idées, de l'affranchissement intellectuel, sur la domination de la matière, des nobles possessions de forces naturelles, mises par le Créateur à la disposition de l'homme, à la condition de les observer judicieusement, c'est-à-dire de travailler à les transformer en forces diverses, afin de satisfaire les justes aspirations de l'humanité.

C'est dans ce sens élevé qu'il a pu être dit : *Travailler, c'est prier*. En effet, le travail, considéré comme l'accomplissement *d'un devoir*, concorde dans chacune de ses mille faces à l'œuvre commune d'amélioration de la famille humaine, et il acquiert une haute signification de devoir accompli par les générations présentes, au profit des générations de l'avenir.

Pour nous-mêmes, si nous voulons acquérir les biens relatifs de ce monde, il nous faut travailler; dès lors, songeons à le faire avec honneur, c'est-à-dire avec indépendance.

Ce n'est pas se montrer indépendant et fier de ne bien travailler que sous l'œil du maître. Obéir librement, c'est-à-dire l'esprit dégagé de servitude, c'est agir avec indépendance et honneur.

La servitude est dans l'esprit faux qui se rébellionne contre *un engagement par lui accepté* et

voudrait intervertir les rôles, commander au lieu
d'obéir, ne sentant pas que tel qui, par suite de
ses fonctions, lui commande, du fait même de ses
fonctions, obéira à un autre organe, et, ainsi de
suite, de supérieurs en supérieurs, sans que ces
rouages aient à souffrir dans leur dignité d'hommes
libres et conscients.

La loi du travail, nous croyons l'avoir mieux
comprise qu'elle ne le fut par les sociétés anciennes.

Nous rendons-nous assez compte du principal
tort de chaque époque, qui est de penser et d'agir
comme si tout devait s'arrêter au présent, de faire
abstraction de la veille et du lendemain.

L'obligation du travail s'adressant à des nations,
à peine sorties de l'enfantement crépusculaire de
l'humanité, à des êtres qui ne demandaient qu'à
retourner vers la brute, par le chemin boueux de
tous les vices, de toutes les lâchetés, et qu'un lé-
gislateur habile *terrorisait* par la crainte d'un Dieu
terrible et sanguinaire, cette loi pouvait-elle être
autre qu'elle fut pour ce temps-là ?

Qu'eût fait Moïse de ces troupes indisciplinées,
s'il ne les eût à la fois matées et spiritualisées,
grâce au frein salutaire du travail, ordonnancé par
lui « sous la dictée de Dieu lui-même », de ce Dieu
sans miséricorde pour ceux qui n'observaient pas
ses commandements ?

Ne jetons pas la pierre à cette obligation du

travail antique. Qu'elle serve de corollaire à notre loi à nous, qu'elle nous montre, en sa *désuétude morale,* la *vétusté naissante* de nos progrès encore à leur aube. Ne disons pas : *Les temps sont accomplis. Rien ne reste à faire.* Disons : *La paix soit aux hommes de bonne volonté.* Nous avons cru faire notre devoir en face des tendances, des faits consommés de notre époque *capitaliste.* Le *capital,* à la fois notre auxiliaire et notre ennemi, nous ne sommes pas encore parvenus à trouver un équilibre parfait, *un accord neutre,* entre lui et *le travail.* Souhaitons cet accord. Il est possible. Il faudrait pour cela entrer par la porte de la sociologie au cœur du socialisme.

Nous sommes, nous, ne relevant que de notre conscience, en face de deux termes d'une équation. La loi de solidarité humaine correspondant à la loi divine, et notre intérêt personnel. La solution est : l'action obligée de l'individu dans le grand concert, pour acquérir, par le travail, les biens légitimes, dont aucun de ses semblables ne puisse lui reprocher la jouissance.

Par ce genre de travail, à la fois solidaire et personnel, nous avons donné naissance *au capital.*

Désormais, sans *capital, le travail* n'est plus possible. L'amélioration produite s'arrête ; nous retournons en arrière, jusqu'à l'âge de pierre, plus bas même, à l'anthropophagie, au dernier degré d'abâtardissement de la race.

Nous avons énoncé les prémisses du *capital* bienfaisant. Comme la statue de Janus, le capital a deux faces. L'une inaugure les grandes œuvres pacifiques de la gloire industrielle, artistique, scientifique; elle convie la foule à son œuvre de jeunesse, de prospérité, de lumière!...

L'autre, sèche et pâle, stérilise les terrains les plus fertiles, dessèche les courants les plus profonds et les mieux orientés; dans l'ombre, il étrangle le *travail*, son tributaire, qui a accumulé ses milliards... fait pâtir le salarié vieux avant l'heure hivernale; enfin, il appauvrit *la nation* au seul profit de sa *caisse*, de « sa raison sociale ».

* * *

Si toutes les branches du travail étaient équitablement rémunérées de leurs efforts, l'harmonie existerait; l'humanité s'acheminerait sans perturbations, d'un mouvement rationnel, vers ses destinées terrestres. Il n'en est pas toujours ainsi.

D'une part, en général, la classe la plus active, la plus intelligente, conserve, avec un soin jaloux, ses éléments de supériorité intellectuelle et de capital; enfin, elle s'oppose, plus ou moins tacitement, plus ou moins ouvertement, à l'éducation, à l'instruction, à l'accession du peuple aux facultés et aux biens qu'elle possède. En cela, elle manque à la loi de confraternité, essence humanitaire, et sème des revendications, des antagonismes dangereux pour l'union des sociétés.

D'autre part, la classe restée inférieure faute de culture, aigrie par l'envie démesurée d'acquérir quand même, *per fas et nefas*, le bien-être, et ne pouvant se rendre compte avec exactitude des conditions imposées comme moyens légaux et légitimes d'élévation : le temps, un travail assidu, une conduite régulière, l'initiation aux sociétés de prévoyance, *des labeurs et des sacrifices*, en un mot, ne considérant la *fraternité* que comme symbole d'*égalité absolue* de tous, sans acception d'aptitudes, de supériorité acquise, cette classe, au moindre choc, s'irrite, et elle est prête à se ruer sur *les favorisés!* Qu'arriverait-il de ce moment d'erreur? la dispersion des richesses individuelles et sociales; une plus grande gêne pour tous.

Or, les choses étant ainsi, il faut y porter remède; le premier degré de cette médication, nous l'avons indiqué : c'est l'*instruction* et l'*éducation ;* cette nécessité s'impose, elle *saute aux yeux;* agissons donc, ou, mieux, continuons d'agir, car on ne peut nier qu'on ait fait déjà beaucoup pour l'instruction et l'éducation des masses. — « A chaque jour sa peine ; » tenons-nous-en au plus pressé, à l'élévation *des consciences* et des intelligences. De plus, — donnons un métier.

* * *

Quelque simple que soit ce programme, le reste viendra à son heure par la force des choses et par un contact plus facile entre les diverses classes. Il ne s'agit pas, d'ailleurs, d'*innover*, il n'y a qu'à *généraliser* les résultats saillants qu'ont donnés les Écoles industrielles des *arts et métiers* et celles de différentes villes qui ont compris la nécessité de *former* des travailleurs, avant de les jeter dans le combat acharné de la vie.

Quand nous aurons l'*instruction professionnelle à tous les degrés,* nous verrons *le capital acquis et le travail,* qui est *du capital en voie de formation,* appuyés l'un sur l'autre, en bonne intelligence, pour une marche progressive réciproque.

Nous ne sommes pas de ceux qui disent : « Messieurs les assassins, commencez. » Nous pensons qu'il appartient aux possesseurs de lumières morales d'éclairer les consciences ténébreuses. A plus forte raison croyons-nous que, sans nous abaisser, — ce n'est pas s'abaisser de se mettre à la portée de ceux qu'on veut secourir, — nous devons tendre la main, une main fraternelle *attirante,* aux retardataires qui cheminent avec peine à l'arrière de la civilisation.

C'est à nous de plaider la cause des moins favorisés parmi les travailleurs ; c'est à nous de les instruire et de leur faire comprendre « les voies du travail » et « ses fins éternelles ».

Alors, *parlant la même langue*, nous nous entendrons à merveille, et puisque nous vivons en contact permanent avec les ouvriers, que nous faisons de leurs réels intérêts le lit de nos plus tenaces pensées, qu'il nous soit permis de le dire hautement : — Nous avons la certitude que l'accord sera facile.

En ce qui nous concerne, *il n'a jamais cessé*, il en est de même dans beaucoup d'ateliers : — *Sursum corda !* — Creusons le courant sympathique qui porte une partie des hommes à s'entr'aider, comme mus par une magique domination de l'esprit sur la matière, et nous aurons contribué à rendre la patrie prospère ; nous aurons apaisé des discordes imminentes ; nous aurons rempli le devoir impérieux de travailler à éclairer nos coopérateurs.

Secouons une bonne fois notre routine ; ouvrons les voies fécondes de l'éducation et de la science aux masses, et si ce n'est par devoir fraternel, que ce soit par considération des menaces dont l'état actuel réserve l'accomplissement à un prochain avenir. — L'âme des heureux ne s'essore pas impunément des souffrances du malheur.

CHAPITRE VII

L'apprenti des écoles professionnelles.
L'ouvrier de l'avenir.

Le chômage est de tous les maux de notre époque celui qui nous pousse le plus impérieusement à transformer l'instruction professionnelle des travailleurs.

Il est un fléau, parfois mérité, si l'on peut dire qu'on mérite une peine à laquelle on s'est inconsciemment exposé ; il est aussi, hélas ! un fléau immérité pour ceux qui subissent les conséquences fatales de l'ignorance ou de la folie, ayant présidé à certaines revendications inopportunes de la part de maladroits camarades. C'est aux sources du mal qu'il faut s'attaquer.

Détruire le chômage par une bonne instruction professionnelle, est-ce possible?

Cela ne fait pas de doute.

Comment cela ?

En isolant la jeunesse (dont les classes de l'école mutuelle sont terminées et qui se disposent à entrer en apprentissage) des travailleurs faits (1).

Par ce vœu, nous avons émis le désir de voir fonder « des légions » d'écoles professionnelles.

Cette idée d'écoles professionnelles n'est plus une idée nouvelle. Il y a trente ans, ce n'était qu'une tendance ; aujourd'hui, c'est déjà un fait accompli, et c'est resté un fait à propager, c'est un *besoin* non encore satisfait de l'époque.

Quand un besoin devient urgent, de tous côtés surgissent à la fois des pionniers de la pensée pour aplanir les voies : c'est ainsi que des individus de pays, de caractères différents, se rencontrent, sans s'être donné rendez-vous, dans les domaines du progrès. C'est ainsi que des inventeurs pour-

---

(1) Nous respectons profondément l'honnête ouvrier laborieux qui se fait un devoir de ne donner à l'apprenti que de bons conseils, de bons exemples ; ce type, nous l'avons signalé dans l'ouvrier marié. — Mais l'expérience démontre qu'on ne peut épurer un atelier comme une école, et que l'apprenti est fatalement en contact avec des hommes peu scrupuleux de fausser son jugement. L'exclusion de l'apprenti, dans les ateliers, n'a rien d'offensant pour les travailleurs sérieux ; au contraire, ils seraient, nous en sommes sûrs, les premiers à mettre leurs fils dans les écoles professionnelles, parce que, mieux que d'autres, ils sont à même de reconnaître la mauvaise influence de certains ateliers sur de jeunes natures inexpérimentées.

suivent en même temps les mêmes découvertes et dotent leur nation des richesses conquises à travers leur itinéraire de recherches dans les sciences, les arts, l'industrie, le commerce. Nous, c'est sur *le terrain pratique* de l'amélioration physique, morale, intellectuelle du travailleur par *le travail même* que nous sommes fiers et heureux de joindre nos modestes efforts à ceux de nos devanciers.

C'est une erreur de dire : à quoi bon faire le bien quand la somme du mal est si grande que le bien possible à réaliser s'y trouve perdu comme la molécule de terre végétale se trouve perdue dans les sables arides du désert. Ce qui manque au désert, pour fixer et fertiliser ses couches mouvantes, ce n'est pas l'eau, élément principal de végétation. Elle dort au fond de la terre. Ce sont les puisatiers (1) intrépides, sondant, creusant le sol pour en faire jaillir l'eau régénératrice des oasis. Celles-ci naissent et s'étendent rapidement autour des puits artésiens, comme des efflorescences de vies. De proche en proche, le progrès gagne du terrain, et ce ne sera plus la molécule de terre végétale qui

(1) Ce n'est que comme figure que nous disons : ce sont les puisatiers, etc., puisque, au contraire, nous savons qu'en Algérie, par exemple, des ingénieurs distingués s'occupent à féconder cette France africaine dans son désert de feu, et que cette heureuse idée a déjà produit de bons résultats très appréciables en attendant ceux de *la mer intérieure.*

disparaîtra dans les sables stériles de l'ignorance, ce sont eux qui s'homogéniseront aux oasis fécon-dées par l'instruction. Oui, *le bien* se fait partiel-lement, comme les ruisseaux vont aux rivières, les rivières aux fleuves et les fleuves à l'océan. Rien n'est perdu de ce qu'on peut faire pour amé-liorer l'humanité. La parcelle se soude à la par-celle : ainsi s'alimentent et coulent les clairs ruis-seaux du progrès.

Nous applaudissons aux *institutions libres* qui s'élèvent sous l'impulsion imprimée par les *besoins* du peuple dans cette échelle de progression : les crèches (1), les salles d'asile (2), les gymnases-écoles (3), l'école du Nord (4), et d'autres de ce

(1) Parler des crèches, c'est en même temps rappeler leur fondateur, M. Marbeau, et les bienfaits qu'elles répan-dent sur les jeunes enfants, l'influence qu'elles ont sur la vitalité au point de vue de *l'allaitement par la mère*, qui peut, grâce à l'aide des crèches, continuer son travail ré-munérateur et remplir ses devoirs maternels.

(2) Leurs résultats sont bien connus et peut-être encore plus appréciés que ceux des crèches, car ils sont plus généraux ; nous les mentionnons seulement pour continuer l'échelle de progression partant de la naissance de l'enfant pour arriver à l'âge viril.

(3) Nous sommes en face *d'une idée non encore généra-lisée.*

Nous lui avons souhaité la bienvenue en 1870. Nous vou-drions dire de combien d'éléments d'éducation, d'instruc-tion, de sécurité physique, elle est grosse pour les enfants du peuple. L'espace nous contraint à résumer notre pen-

genre, pour arriver aux besoins non moins sentis des écoles professionnelles.

De toutes part surgissent les semeurs d'idées, les concours de bonne volonté : c'est un assaut à

sée. Les gymnases-écoles sont les crèches des garçonnets et des fillettes. Ils trouvent, en dehors des heures d'école proprement dites : abri, soins, surveillance, travail, exercices physiques. Dès lors, les parents, *retenus* à un travail qui ne leur permet pas de garantir leurs enfants des dangers de la rue, peuvent du moins se livrer en paix aux labeurs prolongés de leur dure existence.

Le gymnase sera ouvert à six heures du matin. — Les classes ne commencent qu'à huit du matin, pour se terminer à cinq du soir. — Le gymnase ne ferme qu'à 9 heures du soir. Quelle marge pour la sécurité de la famille...

Le gymnase-école de l'honorable M. Copart sera un des leviers du progrès par la moralisation éducative des enfants du peuple.

(1) Cette école, fondée *laborieusement* par un homme modeste, M. Damour, pour agglomérer les enfants d'un quartier dépourvu d'écoles, fit de rapides progrès; après quelques années d'exercice, elle recevait, en 1870, 400 élèves dirigés dans une remarquable voie de progrès intellectuels et moraux : nous attendons avec *sécurité* la génération d'ouvriers, d'employés de chemins de fer et autres qu'elle forme. Nous avons remarqué à part les autres études, les cours de musique, de dessin, de physique, de chimie. Voilà le fait intellectuel conquis par l'initiative d'un homme de cœur comprenant les tendances, les besoins de la classe ouvrière. [Voir le compte rendu de la séance de distribution solennelle des récompenses de la *Société libre* d'instruction et d'éducation (21 septembre 1871), sous la présidence de M. Honoré Arnoul, qui, dans un discours chaleureux, a fait ressortir le bel exemple donné par M. Damour.]

bien faire, à mieux faire, à tout observer, à tout prévoir pour arriver à démolir la redoute de l'ignorance routinière.

Les hommes, les femmes, en tant qu'individus particuliers, les agglomérations sociales, corporations religieuses, les villes, l'État, enfin l'ensemble intelligent de la nation, chacun sent la nécessité de pourvoir le jeune homme et la jeune fille d'états pouvant leur servir de gagne-pain, au détriment des pires lieux, des bagnes et des déportations...

Citerons-nous quelques exemples de ces créations? Nous avons le magnifique réseau d'écoles professionnelles de filles, dont Mme Élisa Lemonnier, femme de M. Charles Lemonnier, saint-simonien, a doté la ville de Paris. Ces écoles, une des gloires de notre capitale, sont sous la haute direction de Mlle Julie Toussaint, fille du saint-simonien de ce nom.

Une création plus récente et peut-être moins viable est l'orphelinat professionnel d'un groupe de femmes protestantes : les Dorian, Arnaud, Guépin ; c'est le cas de dire : « J'en passe, et des meilleures. »

L'école professionnelle de Mme de Hérédia, dans laquelle on se préoccupait qu'une femme, outre l'instruction et le métier, sût être une simple et parfaite ménagère.

A Nantes, la veuve du docteur Guépin, auquel on dresse des statues, forma vers 1871-73 un noyau de jeunes filles du peuple auxquelles on donna un enseignement étendu : le français, les mathématiques, la tenue de livres, le dessin, la peinture, la couture et diverses industries féminines.

Les cours de sciences, pour la plupart faits par des professeurs du lycée, à titre gracieux, prirent une extension prodigieuse. Mme Guépin fut aidée par un comité de femmes de cœur, par les notabilités de la ville, par des souscripteurs de la région. Les dernières années, les ministres de l'instruction publique et du commerce allouaient à cette école d'assez larges subventions. Enfin, Mme Guépin eut la joie d'être comprise et secondée, presque au début de son œuvre, par une directrice d'élite, Mlle Bordillon, nièce de Grégoire Bordillon, d'Angers. Mlle Bordillon, la dignité féminine incarnée, forme « une couche nouvelle » très distinguée dans la population nantaise.

Mue par les plus généreux sentiments, la ville de Nantes *municipalisa* l'école professionnelle de jeunes filles. Il était temps. Mme Guépin vient de mourir.

Le vice des œuvres personnelles est de trop souvent s'éteindre avec les promoteurs de ces œuvres. Mme Guépin avait eu la sagesse de le comprendre, et, passionnément éprise d'initiative individuelle, après avoir fait surgir de l'ombre une légion de femmes capables d'honorer tous les devoirs féminins dans le monde, dans la famille et dans la patrie, elle s'effaça modestement, elle, la créatrice, et remit la tutelle de ses filles spirituelles à venir à « la Ville », à la collection forte, sérieuse et saine d'individus qui gérèrent les intérêts les plus sacrés de l'antique cité commerciale et industrielle de l'ouest.

Dans le nord, ailleurs, un peu partout, naissent et se propagent les écoles professionnelles de jeunes filles; ce n'est pas les oublier que de ne pas en faire mention dans ce rapide exposé. Par les exemples choisis, nous avons simplement fait entrevoir, succédant aux misères supportées, aux intolérances subies, après la froidure des sensations hivernales, les aspects plus riants, la douceur printanière d'une aube nouvelle, où se déploiera avec honneur le travail de la femme.

Oui, cette aube se lève sur la jeune génération, sa splendeur aiguise notre angoisse... Ayons la maîtrise parfaite de l'intérêt progressé de « l'œuvre du siècle » jusqu'à son épanouissement complet. « Veillons et prions. » En sociologie nous sommes encore *aux vigiles prescrites.* Les fêtes de demain emprunteront plus d'éclat à l'ombre d'aujourd'hui.

Veillons et prions, c'est-à-dire ne perdons pas le fruit de pensées laborieuses, les prémices de bienfaits inappréciables, par le relâchement de notre action, par une minute d'invigilance. Restons en sentinelle; ne disons pas : — Les choses iront d'elle-mêmes, l'élan imprimé est tel que c'est une force acquise, comme l'ordre sidéral lui même. A tant de raisons données avec *la foi qui soulève des montagnes*, ajoutons les raisons qui sourdent autour de nous en faits journaliers. Ces faits, présentons-les, non avec nos expressions mondaines, pâles et atténuées, mais dans la langue colorée, musculeuse, qui convient à la peinture expressive des aspirations populaires, avec la voix charnue et *rouge* des revendications songées dans les lourds sommeils de l'ivresse ou l'anémie errante du cerveau affaibli par le jeûne.

C'est parce que nous sentons, des sens aiguisés de l'esprit, les besoins du peuple, que, sans nous arrêter aux créations réalisées, sans nous retrancher derrière les mots sonores de décentralisation, d'initiative individuelle, etc., etc., tout en regrettant de soumettre l'État à un surcroît de charges, de préoccupations, dont l'initiative individuelle, la décentralisation par les villes ou les sociétés, arriveront peu à peu à le soulager, devant le mal qui nous dévore, nous en appelons avec insistance à ce *nous* concentré qui *est l'État*, pour qu'il déverse sur les enfants du peuple le plus d'intruction professionnelle possible.

Comme nous le disions précédemment, l'idée d'écoles professionnelles n'est pas de nous, elle est de l'époque. Pour donner un exemple saillant de son importance, nous renvoyons au livre intitulé : *Le Sublime, ou le Travailleur comme il est en 1870, et ce qu'il peut être.*

On y trouvera un projet d'exécution étudié et remarquable. Bien que nous ne partagions pas toutes les manières de voir de l'honorable auteur et industriel, M. Denis Poulot, nous lui rendons hommage en ce qui touche la question ouvrière proprement dite.

Nous donnerons quelques extraits du *Sublime* au sujet de l'instruction du peuple, que l'ancêtre de M. Zola connait si bien, et dont il espère tout par l'instruction.

« Nous avons dit que le gouvernement avait
« des devoirs sociaux à remplir ; le premier de
« ces devoirs envers les travailleurs, c'est de
« les instruire en les moralisant au moyen des
« écoles professionnelles ; le deuxième, c'est de
« leur rendre la justice prompte, facile et gra-
« tuite.

« Nous voudrions pouvoir nous passer du gou-
« vernement pour arriver aux résultats que nous
« entrevoyons ; mais, en présence de l'indifférence
« et surtout du manque d'habitude que nous
« avons dans les questions d'entente et d'initia-

« tive (1), nous demandons au gouvernement ces
« deux devoirs.

« Si ceux qui nous gouvernent, quels qu'ils
« soient, veulent fermer l'ère des bouleversements,
« il faut qu'ils entrent franchement et grandement
« dans la voie de l'instruction (2).

« Cette conviction admise, il faut, au premier
« exercice du budget, inscrire *trente millions* pour
« la création, dans les environs de Paris, de dix
« écoles professionnelles pour les métiers qui oc-
« cupent le plus de travailleurs.

« Ces deux premiers crédits serviraient à la
« construction des écoles, les seconds seraient ap-
« plicables à la formation des apprentis. Tous
« les ans, le budget augmentera le crédit appliqué
« aux écoles professionnelles pour en accroître
« annuellement le nombre, une ou deux à la

(1) Depuis les événements de 1851, l'indifférence n'existe
plus, et l'on est au contraire pénétré de l'urgence d'améliorer de toutes façons le sort de l'ouvrier. Le défaut d'initiative ne nous éloigne pas seul de créations individuelles;
il y a un obstacle matériel : l'argent. Ces écoles, pour
remplir leur but, ne doivent pas exister *par le fait d'une
spéculation.* Elles doivent être une œuvre philanthropique.
Quel particulier aurait d'assez larges coffres pour suffire
aux dépenses voulues? Il reste les associations. Elles seront les fruits savoureux de l'avenir déjà régénéré par les
efforts laborieux du présent et les vues paternelles de
l'État.

(2) C'était une vue prophétique !

« fois, soit à Paris ou dans les autres centres
« de métiers spéciaux, jusqu'à ce que toutes
« les industries aient leur école d'apprentis-
« sage.

« Il serait à désirer que les filles eussent leurs
« écoles professionnelles analogues, mais en te-
« nant grand compte de ce qu'elles doivent être,
« mères de famille avant tout. Le métier chez la
« femme ne doit être que l'instrument de son indé-
« pendance ; hors de là, c'est celui de son asser-
« vissement. »

Suit une nomenclature de dix écoles à fonder,
ainsi que le détail de leur spécialité, savoir :

1° Industrie du fer ; 2° de la fonte ; 3° du bois ;
4° du bronze ; 5° instruments de musique ; 6° du
cuir ; 7° du véhicule ; 8° du vêtement ; 9° bijouterie
et éperonnerie ; 10° optique.

Nous n'indiquons que les titres, et nous renvoyons pour les détails de spécialité et de durée
d'étude à l'ouvrage de M. Poulot.

« A côté de ces dix écoles, dit l'auteur, on peut,
« chaque année, compléter celles qui manquent :
« la lampisterie, la ferblanterie, la reliure, la
« gravure sur bois et sur métaux, la passemen-
« terie, la lithographie, la typographie, etc., etc.
« Voyons maintenant le programme d'admission.
« Les écoles professionnelles sont gratuites ; la

« pension et le trousseau sont aux frais de
« l'État (1).

« Tout jeune Français, ayant douze ans révolus
« au moins et quatorze ans au plus, peut y être
« admis par voie de concours; cette forme est
« pour le commencement.

« Une commission sera chargée, le 1er sep-
« tembre de chaque année, d'examiner les candi-
« dats, de les classer par rang de mérite et de
« déclarer leur admission.

« La rentrée se fera le 1er octobre suivant.

« Le candidat devra savoir lire, écrire, et con-
« naître les quatre règles de l'arithmétique et le
« système métrique. Ceux qui voudont être inter-
« rogés sur leurs connaissances en dehors du
« programme pourront le faire savoir; il leur
« en sera tenu compte pour la classement.

« Ce programme, fort simple, peut être facile-
« ment rempli par un garçon de douze ans.

« Tous les instituteurs, payés par l'État ou
« privés, sont chargés de tenir un programme
« à la disposition des parents, qui devront, avant
« le 1er juillet, avoir fait inscrire leurs enfants
« comme candidats, à la mairie de leur arrondis-
« sement.

(1) Nous pensons qu'un apprenti coûterait à l'Etat deux
mille cinq cents francs. Nous nous occuperons de ce sujet.

6

« Le programme des études sera moins élevé
« que celui des écoles d'arts et métiers ; mais,
« pour la distribution des heures d'études et de
« travail, elle sera la même. Puisque nous avons
« des modèles, il est inutile d'entrer dans de plus
« amples détails. »

*
* *

Le travail, sous tous ses formes, est devenu,
par suite des nécessités que le développement de
notre état social nous impose, une des plus grandes
préoccupations du manufacturier, du penseur, de
l'économiste et même de l'homme d'État.

En effet, sans travail, point de produits ; sans
produits, point de commerce ; sans commerce,
point de richesses.

*
* *

Autrefois, le commerce était restreint ; l'homme
ne s'était point créé cette multitude de besoins qui
constituent le fond de la vie des peuples modernes.
L'ouvrier industriel était rare et suffisait largement à la demande. Fort heureux celui qui, alors,
possédait un état ; après avoir fait son *tour de
France* sous l'égide du *compagnonnage*, il revenait
chez son patron d'apprentissage pour y produire

son *chef-d'œuvre* et devenir *maître-compagnon*, s'il était habile dans son métier. Arrivé à ce point, l'ouvrier membre d'une corporation jouissait de certains droits et privilèges, et, à l'abri des perturbations qui résultent à présent d'une concurrence effrénée, voyait ses jours s'écouler paisiblement entre les gais refrains de l'atelier et les douceurs du foyer domestique, où régnait une commère avenante, la Martine ou la Jehanne, luronne voisineuse, dégoisant maints propos à loisir avec ses bonnes amies, ne pâlissant point non plus qu'elles sous une trop rude besogne.

Dans ce temps, c'était chose *importante* de faire apprendre un état à son fils. Les patrons d'alors, toujours sous les yeux de la corporation, et formés eux-mêmes par un apprentissage sévère, quoique paternel, non seulement aux secrets du métier, mais encore et surtout au respect des lois et coutumes, à ce qui constitue enfin les bases de la vie sociale, les patrons, disons-nous, ne recevaient pas un apprenti à la légère.

Presque toujours ils connaissaient de longue date la famille de leur apprenti futur, et dès lors il résultait de ces sages relations et de l'organisation même des corporations une garantie réciproque entre le *maître* et l'*élève*. Celui-ci, devenu ouvrier ou maître à son tour, continuait dans l'âge viril à respecter les lois, la coutume, et, comme ses devanciers, il restait un travailleur honnête et laborieux.

Pour lui, point de ce luxe menteur, point de ces mille tentations constituant, de par la coquetterie de madame, de par le laisser-aller de monsieur, de si redoutables écueils pour l'ouvrier de nos jours, le bonheur de la famille et la sécurité sociale.

L'abolition des *jurandes* et des *maîtrises*, en jetant *brusquement* les classes ouvrières *mal préparées*, ignorantes, dans la lumière éblouissante d'une liberté illimitée, ne les a-t-elle pas aveuglées ?

La concurrence également libre et illimitée, avec son cortège de sinistres commerciaux, a amené souvent le chômage.

L'ouvrier a souffert ! — Souvent, sans doute, c'était sa faute ; mais que de fois aussi n'a-t-il pas vu se fermer brusquement devant lui la porte de l'atelier, soit par suite de spéculations hasardées, soit parce que, pour satisfaire l'exécution de marchés importants, le patron prend à son service — il y est forcé souvent dans notre *désorganisation du travail* — un grand nombre d'ouvriers supplémentaires, qu'il renvoie subitement, une fois ses commandes exécutées.

Nous n'en sommes pas arrivés à ce que les travailleurs puissent être comparés à la masse d'eau nécessaire d'un canal, cette masse pouvant, selon les besoins, se répartir ou être accumulée sur un point, entre des écluses où elle est emmaganisée un temps, pour, de nouveau, se répartir, s'équilibrer sans secousses. Les chantiers du travail ne sont pas *tout un* comme le canal du bien public. Les travailleurs ne sont pas unis comme la masse des eaux. Dès lors, les tiraillements seront inévitables autant d'années que cet état illogique durera, autant d'années que l'instruction professionnelle ne formera pas une *élite nombreuse,* consciente de sa force et de ses devoirs, chez les patrons et chez les ouvriers.

Nous ne voulons pas nous étendre davantage sur ce tableau. Au surplus, chacun sait combien sont différentes les conditions actuelles de l'industrie et ce qu'elles étaient à l'époque appelée « le bon vieux temps ». Laissons dormir le vieil autrefois, il a fait *son temps.* Si, à cette heure, et notamment dans les grands centres de population, le patron et l'ouvrier vivent isolés l'un de l'autre, et même s'ils sont *ennemis l'un de l'autre,* ce n'est pas un motif de retourner en arrière. — En avant! En avant! c'est *là qu'est le progrès!*

Mais voyons enfin ce que devient l'apprenti actuel, livré, lui aussi, aux hasards d'un *libre apprentissage!*

Sans doute, la loi a voulu *des contrats, des*

devoirs, *des obligations réciproques ;* mais, dans la pratique, les choses sont bien simplifiées.

L'apprenti entre dans les ateliers, presque toujours inconnu du patron, et grâce aux droits d'aubaine payés sur le comptoir, par le père, au contremaître qui voudra bien condescendre à donner au gamin l'entrée de l'usine. Une fois là, s'en occupera-t-on ? Cela dépend surtout du contremaître, qui, en le mettant entre les mains d'un bon ouvrier, assidu à son travail, lui donnera ainsi un mentor duquel la fragilité de son âge ne peut se passer.

Même dans ces conditions, les plus favorables que nous présentent la pratique des ateliers *ordinaires*, l'apprenti est, comme nous l'avons dit, exposé aux plus grands dangers au point de vue de la moralité.

Les ateliers sont loin d'être une école de mœurs. — Et dans la rue, que deviendra l'apprenti ? Nous craignons de le rencontrer en compagnie des *meneurs* ou des *galvaudeux* (1). Quels ne sont pas les entraînements du jeune âge ? Quel bonheur d'échapper au radotage du bon vieux mentor qui vous tient sans cesse en haleine à l'atelier ! — Pas moyen de se voir un poil dans le creux de la main !

(1) Mauvais ouvriers, débauchés, paresseux

Mais quand l'apprenti, entré on ne sait comment, ou jeté par le contremaître au milieu de la manufacture, est oublié par lui le lendemain, comme cela arrive trop souvent, que deviendra-t-il? Ici l'observation nous montre, avec une évidence sans réplique, les fatals résultats de l'éducation professionnelle, livrée complètement au hasard.

De même que certains arbres sauvages produisent parfois des fruits savoureux, de même aussi l'apprenti livré à son propre essor conserve quelquefois les qualités de l'honnête homme et l'amour du travail; mais une triste expérience nous montre, pour un bon apprenti, dix vauriens de la plus belle eau.

A peine entrés à l'atelier, où ils arrivent rarement à l'heure et s'étudient le plus adroitement possible à déjouer la surveillance des chefs, ils se font souvent battre par les ouvriers, qu'ils secondent mal, auxquels ils jouent des tours; ils aspirent avec impatience à l'heure où la cloche sonore ou le sifflet strident de la chaudière à vapeur annonce « la sortie ».

Alors, oh! alors, les voilà dans leur élément. Vite une partie de bouchon! Les sous mal gagnés ou volés aux camarades, aux parents, forment l'enjeu que le vainqueur s'empresse d'aller porter au cabaret.

Le dimanche, ils boivent, fument, jouent, se battent entre eux ou avec les autres gamins du quartier, et, prodige de la civilisation actuelle ! ces messieurs vont au bal, font des conquêtes, et, accompagnés de jeunes gourgandines, fiers et triomphants, ils retournent chez le marchand de vin, où ils fêtent Bacchus et sourient à Vénus.

Jusqu'ici, il n'y a peut-être pas encore un mal irrémédiable, mais l'apprenti grandit, ses défauts deviennent des vices invétérés. Il est décidément paresseux, ivrogne, batailleur, presque toujours voleur, et immanquablement il tombe sous le joug abrutissant des liaisons infamantes. Nous ne le suivrons pas dans cette tourbe.

Devant cet horrible abîme social, que faire? s'écrient les gens de bien !

Ce n'est pas en vain que nous avons jeté un rapide coup d'œil sur les conditions dans lesquelles se trouvait l'apprenti d'autrefois par les lois, les coutumes et les règles protectrices des corporations, et celles qui lui sont faites de nos jours, par suite de la coupable indifférence de la société. Il ne faut pas se borner à détruire, il faut réédifier.

Les enfants des classes indigentes sont moins intelligents que ceux des classes laborieuses aisées. L'hérédité d'un sang pauvre se fait sentir sur l'esprit qui est généralement peu ouvert.

Les instituteurs font chaque jour ces remarques

et en sont navrés. Ils voudraient réagir par une bonne et solide instruction qui prépare *l'apprentissage d'un bon état*, il ne peuvent. Les parents changent de quartier, les enfants changent d'école. Si la famille eût consenti à laisser l'élève quelques mois de plus, les efforts du maître eussent été récompensés par l'obtention d'un certificat d'étude; mais les parents n'appartiennent pas en vain à « la population flottante » de la ville. Aujourd'hui ici, demain là, avec leur progéniture. Au lieu de gémir sur ces pauvres classes morcelées et d'en allonger la durée, on l'abrège autant que possible. Si le petit a 12 ans, on le met dans une fabrique où il gagnera de suite; souvent cette 12me année n'a pas le développement moral de la 10me chez le fils d'ouvriers à l'aise. Oh! misère, quels crimes tu commets!

Oui, il faut le dire avec courage, nous avons laissé grandir à côté de nous, sans nous en apercevoir, des légions d'hommes rendus forcément vicieux ou incapables, ce qui revient presque au même, par suite du séjour prolongé dans les bas-fonds croupissants de la société.

Aujourd'hui que les yeux sont ouverts, n'est-il pas trop tard !

Sursum corda! Mettons-nous résolument à l'œuvre! Non, il n'est pas trop tard; car, bien que la lèpre s'étende avec une rapidité désespérante, elle n'a pas encore gangrené la grande masse des ouvriers, chez lesquels, nous le disons avec conviction, nous qui les observons tous les jours, nous sommes certains de rencontrer de très nombreux auxiliaires et d'indispensables appuis pour l'œuvre de rénovation que nous méditons.

L'atelier n'est pas une école de mœurs, avons-nous dit, et l'examen rapide de l'apprenti livré à lui-même *le prouve* péremptoirement.

Il faut donc soustraire à tout prix l'apprenti à l'influence dissolvante des grands ateliers, qui ne font rien pour le bon apprentissage des futurs ouvriers.

Mais, s'écriera-t-on, vous allez attenter à la liberté paternelle ! Nous en avons le droit, pourrions-nous répondre, car la société a, certes, non seulement le droit, mais le devoir de se garantir du péril imminent qui la menace.

Cependant, comme nous l'avons dit plus haut, il y a fort heureusement une très grande quantité d'ouvriers dans des conditions morales moyennement bonnes et parfois excellentes, de sorte qu'en prenant de plus en plus la voie féconde de la propagande et de la persuasion, nous arriverons à notre but sans toucher en rien à la liberté individuelle.

Quel honnête ouvrier ne s'empresserait de confier ses enfants à une école professionnelle offrant toutes les garanties de bon apprentissage et

d'éducation morale sévère, surtout si elle était gratuite, ou tout au moins si on n'exigeait qu'une ré-
tribution très modérée, en rapport avec le maigre
pécule amassé si péniblement par le travailleur.

Pour l'ouvrier rangé, nul doute : nous aurons ses
enfants, et ceux-là sortiront de nos mains, probes,
actifs, dignes, en un mot, d'entrer dans la grande
famille humaine, préparés à y remplir *leurs devoirs*.
Ils serviront d'exemple; qu'on ne l'oublie pas,
l'exemple du bien est peut-être plus contagieux que
celui du mal, lorsqu'on peut faire luire aux yeux
des indécis ou des adversaires l'attrait puissant de
l'intérêt personnel.

Ne perdons pas de vue que les êtres les plus
dégradés conservent un respect inné, une sorte
d'instinct de ce qui leur est supérieur.

L'ouvrier débauché, arrivé à l'âge viril, chan-
gera difficilement d'habitudes; mais s'il voit un
camarade d'atelier, bon ouvrier, envoyer son fils
à une école d'apprentissage, il le plaisantera
d'abord, c'est immanquable; ensuite, il se dira :
Pourquoi mon garçon n'irait-il pas aussi bien
à cette école que le garçon de mon *aristo* de camarade ? Pour un débauché, l'ouvrier moral est
invariablement un *aristo*, bien vêtu le dimanche,
ayant toute la semaine de quoi payer sa dépense
journalière, tandis que le débauché, payé le samedi, n'a presque jamais un sou le lundi matin.

Revenons à notre sujet. Oui, par esprit d'imitation, le mauvais ouvrier enverra son fils à la même école que le bon ouvrier. Mais ne lui demandez pas de payer un centime; il ne connaît point l'épargne, ses vices le lui défendent.

* * *

Comme toutes choses n'ayant point été consacrées par l'application usuelle, cette idée d'écoles professionnelles soulève encore dans les esprits des difficultés qui s'applaniraient d'elles-mêmes dans la pratique. La plus sérieuse de ces difficultés est d'inscrire au budget les millions nécessaires à la fondation de ces écoles, qui, nous en sommes convaincus, donneraient de si grands résultats de moralisation et, par conséquent, de sécurité sociale, que cette mise de fonds serait le placement le plus fructueux de notre époque. Il est bon de voter des milliards pour l'armement matériel du pays, mais il est mieux encore d'armer les esprits de sens droit, de la conscience des devoirs sacrés du citoyen; ces armes, quand on les possède, ne font jamais défaut, nulle rouille ne les atteint, nul souffle ne les ternit. Avec elles, les apprentis des *écoles professionnelles* deviendront, parmi les travailleurs de nos jours, ce qu'étaient autrefois les légions invincibles parmi les armées romaines, ils porteront partout le triomphe de l'instruction et de l'éducation populaires. Nous aurons un peuple de travailleurs désireux de répandre les bienfaits, les richesses de la paix, et, en même temps, une armée toute prête à donner son sang plutôt que de laisser sombrer l'honneur du nom français.

Dans dix ans, l'opinion publique consacrera notre opinion dans ses grandes assises, et elle dira avec nous : Oui, ce sont bien là nos enfants, ceux qui méritent d'être appelés les ouvriers régénérateurs de l'avenir !

Nous disions déjà ces choses en 1873. Et si toutes nos prédictions ne se sont pas réalisées, si nous nous sommes un peu trop inspiré de l'idéal, on ne peut s'empêcher de reconnaître qu'à cette heure, comme « la terre en travail » fait germer les graines qui lui sont confiées, de toutes parts l'élément social est « en travail » et fait germer les graines depuis longtemps déposées dans son sein. Partout le besoin *reconnu* d'écoles professionnelles s'est accentué.

Depuis 1871 on rêvait de régénérer les masses par les écoles. Aujourd'hui les écoles surgissent autour de nous sous toutes les formes. Il y a une diffusion de lumières à cet égard.

Nous l'avons vu, les syndicats, les sociétés corporatives, les groupes ouvriers, les orphelinats, ont leurs écoles professionnelles. Les ateliers eux-mêmes ont des écoles d'apprentis, les chefs d'industries qui mènent la poussée vers le mieux être de l'ouvrier envoient leurs apprentis aux cours municipaux ; là, on donne un enseignement pratique de certains arts industriels, fort utiles aux jeunes ouvriers. Oui, l'idée fermente. En un mot, elle est mûre.

Le noir capitalisme s'échoit vers son déclin. Il y a une détente du cruel « laisser faire ».

Voilà un signe des temps.

CHAPITRE VIII

Obligations mutuelles des ouvriers
et des patrons.

L'ouvrier est, de fait, sous le joug de nécessités matérielles impérieuses : les nécessités influént d'une manière notable sur son appréciation ; c'est pourquoi, dans des questions pour nous purement d'ordre moral, nous voyons l'ouvrier envisager ces mêmes questions à un point de vue faussé par ses besoins ou sa situation incertaine, par son manque d'éducation.

Le bien-être ou la misère, pour l'ouvrier, dépendent surtout de l'abondance du travail ou du chômage. Le nombre d'enfants, le logement, le chauffage, l'éclairage, le vêtement, la vie matérielle en un mot, forment la base de ses appréciations sur toutes choses, et, en cela, nous devons le constater, il subit la loi d'une inexorable nécessité.

Pour échapper au chômage, les ouvriers dignes de ce nom font des prodiges d'activité, et l'on voit souvent en vingt années des hommes chargés de famille être usés par un labeur hors de proportion avec les forces humaines. Que le chômage arrive dans ces conditions, et l'ouvrier, qui a tout fait pour l'éviter, accusera la société, l'organisation du travail, les patrons. Il se laissera aller aux plus creux sophismes; et comme les misères physiques obscurcissent son sens moral, il peut devenir le jouet et l'instrument des exploiteurs qui le mènent par des paroles sonores et lui promettent, dans un avenir prochain, toutes les satisfactions à ses griefs.

D'autres ouvriers, dès leur naissance, sont voués à la misère et au vice, non seulement parce qu'ils ont été jetés dans la vie sans principes et sans éducation, mais aussi parce que la nécessité sans contrôle les livre à l'instinct. Pour les êtres mal doués de la nature, souvent sans famille, ou, pire mal, ayant une exécrable parenté, « la gouape » (vol) devient un moyen d'existence, même aux dépens des camarades d'atelier; car, pour beaucoup, le travail n'est qu'un prétexte couvrant une vie inavouable.

Des taudis mal hantés, repaires de voleurs ou d'autres criminels, sont seuls à la portée de la bourse de l'ouvrier vagabond et paresseux. Là, il se familiarise avec le crime, et souvent il arrive à n'avoir rien à envier en scélératesse à ses hideux voisins de chambrée. La société compte dès lors dans son sein de nouveaux ennemis acharnés.

C'est à donner satisfaction aux besoins légitimes, c'est à diminuer l'influence des causes matérielles sur l'esprit que doivent tendre les efforts de ceux qui sont liés par leur position au sort de l'ouvrier. S'il est encore des industriels, des manufacturiers dominés par l'amour du lucre et croyant pouvoir se désintéresser du bien-être du travailleur, qu'ils ouvrent les yeux et reviennent à des sentiments plus sains, car vivre en dehors de ses coopérateurs sans se soucier plus d'eux que de machines inertes, de moteurs sans conscience, c'est plus qu'une coupable indifférence, c'est plus que de l'égoïsme, c'est de l'antagonisme.

Nous pourrions citer tel patron, ayant manié la lime et le burin à ses débuts, qui, arrivé à la fortune, disait de ses ouvriers avec un superbe dédain :

« J'ouvre ou je ferme à volonté les écluses du travail à ce flot d'hommes que vous voyez massés dans la rue à la porte de mon établissement. Quand j'ai vidé les écluses, le courant du besoin les remplit vite : c'est ma manière, à moi, d'imposer mes conditions à *ces gens-là.* »

Il ne faut pas croire à la tendresse *des parvenus*

au patronat pour leurs anciens compagnons. En
général, quand une réforme s'impose à la conscience publique dans l'organisation du travail,
les chefs d'usines s'entendent pour la réaliser
avec ensemble, pour ne pas ruiner, par de regret-
tables abstentions, ceux qui en seraient les seuls
promoteurs. Dans ces assemblées, les plus âpres
à défendre « l'arche sainte » de l'immobilisme sont
d'anciens ouvriers. Ils disent : « Nous autres patrons, nous savons bien comme nos bénéfices sont
restreints, nous connaissons les exigences des
ouvriers ; ils voudraient toujours être du côté du
manche ; c'est à nous de le bien tenir si nous ne
voulons pas être rasés, etc. » Cette règle n'est pas
sans exception. Nous avons vu des ateliers modèles et très prospères, aux portes de Paris notamment, où le patron était *tutoyé* par l'élite de
l'usine, le noyau de ses anciens compagnons de
travail dont il avait fait ses collaborateurs affec-
tueux et dévoués. La fille de ce très brave homme,
une fort belle dame, mariée à un riche industriel
de vieille roche, ne s'honore rien tant au monde
que d'entendre sur son passage : C'est la fille au
père R... ; et de ses enfants : Ce sont les petit-fils du
père R..., ils ressemblent au grand-papa! Cette
jeune femme, conviée à vendre l'usine et à transporter sa fortune dans une autre région, dans une
autre industrie, s'y est refusée. Elle serait trop

malheureuse de ne plus s'entendre appeler : la fille au père R..., cette jeune mère des pauvres, cette fière patronne des ouvriers, ses collaborateurs.

Il ne faut pas séparer les intérêts du patron de ceux du personnel de l'usine. Si l'entente entre employeurs et employés existait, ce serait presque l'âge d'or pour tous. Point de ces funestes effets de grèves, de coalitions, résultats de l'égoïsme du patron et des illusions du travailleur.

* * *

Le patron doit aide et protection à l'ouvrier. Il doit savoir allier à cette protection le respect de sa liberté.

Bien que le droit d'aînesse ait disparu de nos lois, ne reste-t-il pas une influence latente, souvent effective, à l'aîné de la famille surtout quand celle-ci a été privée prématurément de son chef naturel? En quoi cette sympathique déférence des autres membres de la famille pour celui qui est devenu en quelque sorte leur protecteur et leur chef lèse-t-elle leur liberté ou leurs droits?

Il en doit être ainsi dans la *famille industrielle*, et c'est à dessein que nous nous servons de cette formule *de famille*, car tel doit être le caractère dominant de l'esprit de relations entre employeurs et employés.

Or, en ces jours que voici, ce dont un grand

nombre de travailleurs ne se rendent pas compte, c'est des *charges familiales* acceptées par maints patrons.

De même que le laboureur soigne l'héritage dont il attend sa subsistance, celle des siens : femme, enfants, serviteurs; de même qu'il peine au soleil, à la pluie, à tous les temps ; de même qu'après avoir trempé la terre de ses sueurs il voit sa récolte détruite par la grêle, son toit réduit en cendre par la foudre, et s'écrie : Oh! toit de mes pères! Oh! sol infécond! témoin de mon angoisse, voyez : à terre, je lutte, agonisant ; je fais œuvre de vie!

De même qu'il s'ingénie à réparer les dommages causés par les sinistres aveugles, qu'il emprunte à intérêts dévorants pour les semailles des sillons et les pierres d'un logis, qu'il recense ses motifs de tristesse à lui le chargé des âmes, le pourvoyeur des corps.

De même qu'il se demande si la récolte rendra la graine, si des mains des prêteurs il n'écherra point en celles des usuriers, si au désastre premier ne s'ajoutera pas le désastre définitif, la ruine, la dispersion, la perte du foyer. Pendant ce temps, où, taciturne, hanté *de l'idée des autres*, de la conservation de l'élément de leur existence, du lieu où se déploient leurs aptitudes champêtres, que font ces chers objets de ses prédilections?

Après le labeur journalier, ils s'unissent à la jeunesse du village et dansent avec leurs promises sous la feuillée odorante.

De même l'industriel reçoit en héritage de ses devanciers, sous forme de capital accumulé par le travail, de fortune, et aussi de gagne-pain : *l'usine.*

Ce vaste corps, aux mille tentacules, s'agite dans une action à la fois productrice et dévorante, — dévorante d'abord, — festins pantagruéliques *de matières premières!* Pour soutenir les muscles d'acier des machines, pour animer les moteurs à vapeur : Allons! les hommes, du charbon! du fer! de la tôle! des fontes! Bronze! Cuivre! Acier! Allons! — Pas d'arrêt : le mouvement, cette force acquise au prix de tant de sacrifices, ne peut cesser sans causer l'anémie, la mort de l'industrie.

Le patron attend de la production qu'il provoque de haute lutte le bien-être ; la vie d'ouvriers attachés « à l'œuvre » par les liens irréfragables de la nécessité, il en attend une existence honorable pour lui et les siens : l'instruction aux fils. Qu'ils soient dignes de gérer à leur tour *ce bien* à double face : d'un côté l'étiquette, fortune personnelle ; de l'autre la face sérieuse, réelle, sans suscription, qui devrait porter en lettres d'or: *Bien public.* Oui, au fond, l'usine est un *bien public,* une *richesse nationale ;* ce bien, comme certaines propriétés en Angleterre, devrait être inaliénable. En attendant, cette propriété est souvent un sphinx cruel pour son détenteur.

Le patron — le cerveau de « l'œuvre » — doit se tenir en communication avec les fibres minces et ténues *de l'usine* comme avec ses grandes artères, ses vaisseaux, toutes ses voies de circulation, de travail, de produit, de dépense : — il leur commande.

Du bon agencement, de l'équilibre de fonction des divers organes, résulteront : la santé, la prospérité, le bien-être, ou : la souffrance, la pauvreté, la ruine de l'atelier. D'une part *le personnel,* d'autre part *le matériel,* suivent une loi identique de mouvement ou d'inertie, de bien-être ou de malaise, de vie ou de mort, selon qu'ils sont bien ou mal entretenus de travaux rémunérateurs.

Mais le patron ne tient pas toujours dans sa main ces travaux rémunérateurs. Aux temps de crise, il les appelle en vain de ses vœux impuissants. L'implacable concurrence, tous les dénis de justice, couvrent sa voix virtuelle. Il est abreuvé d'armertumes. *Les débâcles* se succèdent : il perd avec cette maison, il perdra avec cette autre. La faillite hideuse hante ses nuits sans sommeil ; comme une vision de spectres, les noirs fantômes de honte douloureuse dansent autour de lui leur ronde sépulcrale. Il est dans un cercle d'enfer, il s'y débat. Haletant, il tombe, se relève ; il luttera jusqu'après l'agonie ! La mort seule posera son pied de squelette sur cette mâle poitrine.

La paye des ouvriers, les échéances... l'éperon des fournisseurs dans sa chair vive. Courbé, il va, vient, court, retourne sur ses pas. Ses clients... il quête des travaux. Ses fournisseurs..., il implore du crédit. Le banquier... ah ! ses dernières valeurs, *qu'on les escompte à n'importe quel prix !*

Désespéré, il ne s'arrête pas ! Le peut-il ? Non !

Les banqueroutes, les travaux improductifs, le chômage sur ses épaules ployantes, qu'importe ! Le juif errant de l'industrie ne peut s'arrêter.

Fermer son établissement ! Mais ses ouvriers ! sa signature ! sa responsabilité ! Cet homme porte le fardeau des iniquités du siècle à l'égard du travail.

. . . .

A la guinguette, des camarades régalent les ouvriers « en dèche » d'un gueuleton de lapin sauté et de petit bleu. On déblatère sur les repus, les ventrus, etc.

Hélas ! hélas ! « Pardonnez-leur, mon père ! Ils ne savent ce qu'ils font ! »

Puis écoutez la parole réparatrice :

« Mais *le galérien du travail*, M. C..., n'était pas un capitaliste bedonnant! Notre chef aimé, respecté, partout à la peine et à l'honneur, nous l'avons vu à notre tête, portant au pouvoir nos justes revendications. — Il est mort, — et nous, demain, nous sommes embauchés dans un autre atelier. »

. . . .

Reprenons le cours de notre récit, interrompu par cette longue parenthèse.

Combien d'industriels ne sont-ils pas, à juste titre, réputés les *pères* de leurs ouvriers, les *amis* de leurs premiers employés! Que les patrons soient animés de nobles sentiments de bienveillance, de générosité; envers leurs coopérateurs; qu'ils soient, nous le répétons, les aînés de la famile ouvrière; qu'ils remplissent leur rôle protecteur fraternellement, quoique avec une juste fermeté, et l'on verra ce que le travail y gagnera par le concours plus actif et la loyale émulation des travailleurs, assurés que l'on n'a pas en vue d'exploiter abusivement leurs bras.

Au contraire, si les patrons ont un seul but: s'enrichir promptement, sans souci du bien-être de leurs ouvriers, ils récolteront les fruits amers de leur brutal enseignement. Le mercantilisme des chefs amènera la répulsion envers leur personne, l'indifférence pour les intérêts de l'atelier. Dans ces conditions, l'esprit de corps, de solidarité d'intérêts, est anéanti et fait place à l'antagonisme entre employeurs et employés : c'est le germe de l'anarchie.

Quand viendront les grèves ou les chômages forcés, comment les ouvriers, traités comme des machines animées, pourraient-ils trouver dans leur attachement à leurs patrons la force d'âme nécessaire pour supporter les privations les plus dures avec résignation, et se soustraire à l'enrôlement des sociétés de résistance entre ouvriers contre les patrons? Sans doute, ils devraient refuser de grossir le noyau des agitateurs *au nom de la liberté même* et de la dignité de leurs justes revendications; mais n'a-t-on pas aigri leur caractère par un égoïsme effréné? Et, dès lors, n'imaginent-ils pas que mieux vaut imposer par la force ce qu'ils désespèrent de faire ouïr par la persuasion et la justice?

* * *

Des esprits soi-disant pratiques nous objecteront que, lorsque le patron prend en main les intérêts moraux et matériels de ses ouvriers, c'est au détriment des siens propres. On se trompe en pensant de la sorte, l'expérience le démontre chaque jour, et nous pouvons affirmer avec satisfaction qu'il y a une tendance qui se précise de plus en plus à ne négliger ni le mieux être matériel, ni leur mieux être moral dans les ateliers réellement *organisés* par des patrons intelligents qui veulent acquérir ou conserver une fortune honorable.

Nous ne cesserons de le répéter, car telle est la conviction dont nous sommes animé : il est préférable, à tous égards, de voir les intérêts des patrons et des ouvriers également respectés. Si, en procédant de la sorte, l'industriel fait moins vite fortune, par contre, il arrive plus *sûrement* et mérite plus de considération de la part des ouvriers et de ses concitoyens.

Répudions ces fortunes si rapidement acquises que nul n'en peut trouver la source. N'ont-elles pas d'ailleurs pour correctif des ruines scandaleuses, tout aussi rapides, et pour résultat inévitable le trouble dans les transactions, la misère et la dégradation des classes ouvrières, et finalement les désordres de l'intérieur, puis ceux de la paix publique?

Le travail s'impose comme la loi géniale des temps modernes. Gladstone, ce grand ministre d'une grande nation industrielle, l'Angleterre, l'a dit en pleine Chambre des communes : « Ce siècle, messieurs, est le siècle des ouvriers, » c'est-à-dire du travail.

Dans cet ordre d'idées, puisque le travail sous toutes ses formes s'impose de plus en plus à tous et qu'il n'est plus permis de rester oisif sous peine de perdre son capital, petit ou grand ; qu'il est devenu de science vulgaire que c'est le travail le producteur du capital, respectons ce travail, source de tout bien-être, de toute richesse ; respectons-le dans toutes les classes de la société, surtout chez celles qui sont exclusivement *travaillantes*, c'est-à-dire essentiellement productrices de la richesse.

Et si la fable nous enseigne à ne pas *tuer la poule aux œufs d'or*, si le bon sens nous fait soigner les ruches pour avoir du miel, comprenons de même, au point de vue de nos propres intérêts, que nous devons, nous, les aînés des travailleurs, notre aide, notre appui, notre affectueuse bienveillance à nos cadets du travail ; que nous leur devons l'éducation morale et intellectuelle, sans laquelle tous les labeurs sont stériles.

En écrivant ces pages, nous ne pouvons nous empêcher de tourner douloureusement nos regards vers l'Est ; c'est dans ces belles et riches provinces que se trouvent à foison les plus beaux exemples du patronat bien compris, d'institutions de prévoyance, de secours mutuels, d'instruction, d'apprentissage, de maisons ouvrières dont chacune, destinée à une famille, possède un petit jardin, le tout payable à très long terme et à très bon marché. Nous y trouvons également la patiente persévérance, de père en fils, dans la même industrie, et des générations d'ouvriers vivant et prospérant autour des chefs de maisons, véritables ancêtres. Ce sont les de Wendell, les Dietrich, les Schlumberger, les Dolfus, les Miesg, les Kœchlin et tant d'autres nobles cœurs aussi bons patriotes que dignes manufacturiers. Sans doute, nous trouvons ailleurs de nombreux exemples de ce genre; mais si nous citons les noms de nos compatriotes de l'Est, c'est par suite de leur mérite et d'un autre sentiment que tout Français comprendra.

Autour des usines bien gérées et dirigées par des philanthropes clairvoyants, on voit la population ouvrière joyeuse, bien portante, jouissant d'une honnête aisance et beaucoup plus intelligente et moralisée que dans les centres industriels où l'ouvrier est abandonné à lui-même.

Autour des usines bien administrées de province, se maintient l'esprit de famille. La vie en famille est une conservation relative des mœurs patriarcales des agriculteurs. Les mariages y sont fréquents et heureux; les vieux parents, par suite d'institutions locales, ne sont pas à charge aux jeunes. Ceux-ci, tout en gagnant le pain du ménage, peuvent, par surcroît, acquérir à la longue le logement qu'ils occupent, avec un lopin de terre contigu; à leur tour, dans un âge avancé, leur tête blanchie se dressera dans la majesté digne de l'homme de bien qui peut mourir en paix avec le ciel et la terre.

Sans doute, ces conditions heureuses sont difficiles à réunir dans les grandes villes; sans doute, *le patron* n'y est pas tout-puissant à tous les points de vues; mais, ce qu'il peut faire, *il doit* le faire pour rendre le travail sain, agréable, intelligent; pour détrôner, au profit de l'épargne et de l'aisance, ses ouvriers des cabarets borgnes ou autres lieux où ils dépensent leur salaire plus vite qu'ils ne l'ont gagné, et où, de plus et surtout, ils perdent le goût du travail et des saintes joies de la famille.

Il faut donc, en raison même des pierres d'achoppement semées sur le chemin de l'ouvrier des villes, stimuler ses bons penchants, son énergie. Il faut avoir recours à toutes les ressources possibles d'une généreuse initiative pour le maintenir, le guider, l'aider et lui faciliter, en un mot, une vie honnête sur la rude voie du travail dans les ateliers des grandes cités.

Il faut aussi que les enfants soient formés par une complète instruction primaire, par l'école professionnelle ou celle d'apprentissage, et par une *éducation* qui en fasse de bonne heure des citoyens honnêtes, sachant pratiquer les devoirs de tout homme digne de vivre en société civilisée. Qu'on ne l'ignore pas, — on doit le proclamer sans cesse, — *l'instruction* n'est rien sans *l'éducation*. Lacenaire était lettré, Tropmann apprit dans un traité de chimie à distiller le foudroyant acide cyanhydrique. Nos vainqueurs *sont instruits :* ils ont agi en barbares; leur instruction n'était qu'une arme terrible entre les mains de *masses sans éducation* et d'une matérialisation brutale.

L'éducation au moins autant que *l'instruction* doit être donnée à *tous*, et surtout aux fils d'ouvriers; ils y sont du reste on ne peut plus accessibles.

Que les écoles de la jeunesse, y compris l'école primaire et les écoles professionnelles, qui s'adressent spécialement aux fils d'ouvriers, soient des écoles de *discipline, d'éducation,* autant que *d'instruction.*

*
* *

· A ce prix, et avec l'incessante coopération des patrons, nous pouvons prédire à coup sûr un apaisement et une solution des discordes et des luttes qui font tache *dans l'histoire actuelle* du travail.

Plus les ouvriers seront instruits et formés par une *éducation forte*, plus ils auront une tendance à s'entendre facilement avec leurs patrons et à leur donner un concours loyal d'efforts intelligents et de *bras habiles.*.

Quiconque a vécu en contact avec la classe ouvrière sait que ce sont les ouvriers habiles et rangés qui sont les plus faciles « à vivre » et à diriger; il en est même bon nombre, heureusement, qui n'ont besoin d'aucune surveillance. C'est à généraliser ces exceptions que les patrons doivent s'attacher ; et alors, comme nous l'avons maintes fois énoncé, il y trouveront *avantage* et *satisfaction*, honneur et profit.

Qu'on instruise les fils d'ouvriers, qu'on fasse leur éducation, qu'on les seconde, qu'on les guide, — qu'on fasse son devoir envers eux, — et qu'on soit certain qu'ainsi formés les ouvriers feront, eux aussi, *leur devoir* envers leurs patrons, c'est-à-dire envers leur conscience à eux-mêmes ; car, loués pour une marchandise, — le travail, — il s'agit de livrer avec bonne foi cette marchandise. En dehors de cette formule sèche, ils ont appris avec certitude que, sans l'accomplissement des devoirs réciproques entre ouvriers et patrons, il n'y a qu'antagonismes, pertes, ruines de chaque côté, au plus grand abaissement de la nation où ces ruines s'amoncellent.

Hors cette voie de justice, tout est menace pour l'avenir.

CHAPITRE IX

Conditions du travail et du salaire.
Entente libre.

Nous entendons sans cesse émettre des opinions bien diverses sur les conditions du travail et du salaire.

Les uns veulent une organisation réglementaire astreignant le patron et l'ouvrier à un *mode fixe* de conduite qui bouleverserait toutes nos tendances, et qui, sous prétexte de sauvegarder les intérêts du capital et du travail, bâillonnerait le capital et le travail, ôtant à l'un et à l'autre toute initiative, toute liberté d'action. Ce serait bientôt la ruine. Car, en admettant qu'une nation se résigne à prendre ainsi le maillot et les bandelettes, les nations ses voisines et amies s'empresseraient de si bien progresser et produire, qu'elles réduiraient à néant la production de l'infortunée et trop docile enfant, dont jamais plus la majorité ne renaîtrait parmi les peuples industriels.

Ce système appartient en général à des administrateurs soumis à l'influence routinière des bureaux, mais n'est nullement praticable de l'ouvrier au patron. C'est un honnête système, une tentative de conciliation qui manque son but. Ceux qui l'ont conçu ne connaissent pas les exigences de liberté d'action de l'industrie actuelle, il faut entendre de l'industrie personnelle ou privée.

Certaines écoles de socialistes militants soutiennent, avec plus de compétence que de... simples amateurs, une doctrine ayant quelque ressemblance avec la précédente. Ils prennent les choses à l'extrême, et c'est en cela que leur *Credo* ne manque pas de logique. Si c'est un rêve, c'est un beau rêve.

Les barrières entre peuples, cauchemar, vision du passé. Plus de guerres, plus d'antagonisme, plus de concurrence. Une harmonie universelle. Le règne de la fraternité. Plus un incapable, plus un paresseux, plus un criminel. Une humanité *une et indivisible* doit bien à chacun de ses membres la vie abondante et facile. La même pour tous si le salaire est égal...

Oh! allez-vous dire, chers lecteurs, pousser le raisonnement à l'extrême, c'est tomber dans l'absurde...

Mon Dieu, Jacottot a bien soutenu l'égalité des intelligences...

Je vous entends ; vous vous écriez : Quel paradoxe ! On n'est pas plus... philosophe que cela !

Heu, heu ! Au fond du paradoxe, il y avait peut-être une haute vérité. Les Gaulois nos pères eussent dit *de l'innocent*, que son intelligence était *en état d'être*.

Ne nous sommes-nous pas rendu compte maintes fois, pour si peu savant que nous fussions, que la vérité abstraite est souveraine, et le fait tangible qui la représente forcément dépendant, borné. Je vois *une table*. Une table n'est pas un fait capital ; mais l'*idée de table* embrasse tout un monde de pensées où l'esprit vole à pleines voiles. Mais trêve de philosophie.

La grande et belle raison invoquée par le socialisme en faveur de l'égalité du salaire est que tout homme en venant au monde a les mêmes droits à la vie. Vérité incontestable, mais qui ne conclut pas, pour nous, à l'égalité du salaire dans l'industrie privée à notre époque.

Que des sociétés fassent à leurs risques et périls des expériences plus ou moins couronnées... d'insuccès (1), nous ne pouvons qu'applaudir à leur

(1) Beaucoup de sociétés ont vu leurs tentatives couronnées d'un plein succès, nous le savons, notamment l'œuvre du familistère de Guise ; mais M. Godin, en instituant

bonne volonté : dans leur erreur apparaîtra pour tous une part de vérité.

Partout *le travail* devrait être assez rémunérateur pour assurer la satisfaction des besoins primordiaux. Il faut songer que l'esclave tournant la roue avait du moins le vivre, le couvert... Cette seule pensée nous démontre une partie de nos devoirs à l'égard des travailleurs des derniers rangs... Si nous les traînons à notre suite, faisons en sorte que leur charge n'enraye pas la marche ascendente *du travail.* Car il ne faut pas perdre de vue que *le travail est une œuvre de vie universelle,* et qu'à ce titre il est au premier chef intéressant à soutenir et à faire prospérer, même au prix de sacrifices douloureux.

L'égalité du salaire n'est pas dans nos mœurs ; jamais, à notre époque, ceux qui auront le plus de talent ne consentiront à voir leur œuvre au même prix que celle du mauvais artisan.

cette association avec une ampleur de vue très remarquable et un esprit bienfaisant non moins remarquable, M. Godin choisissait comme champ d'expérience une industrie spéciale où la plupart du temps le travail pouvait être *fait aux pièces,* par conséquent où le travailleur était rémunéré *selon ses œuvres.*

En cherchant partout, *dans la législation intérieure du familistère,* à soutenir les faibles, M. Godin a fait œuvre de philanthrope ; — nulle part il ne tombe dans l'erreur de l'unification des salaires.

Le haut salaire est un appât naturel à devenir un ouvrier d'élite; c'est une condition essentielle de la progression du travail.

N'y aura-t-il plus d'ouvriers pour les travaux infimes? diront avec anxiété les... naïfs de nos jours.

Hélas! si, leur répondrons-nous, car s'il y a des êtres qui montent dans l'échelle sociale, il y en a d'autres qui descendent, et leur progéniture paye cette dégénérescence. Enfin, et c'est là le fait capital le plus consolant, le travail infime aura son attrait quand on aura l'esprit assez développé pour s'en abstraire en le faisant; s'il n'offre décidément point d'intérêt, on le comprendra, si son aridité est due surtout à l'ignorance *du manœuvre* qui, comme la bête de somme, traverse les sillons sans voir autre chose que la terre nue, boueuse, sans sentir autre chose que la lourdeur du joug qui le courbe sur le sol.

Qu'on me permette d'ouvrir ici une large parenthèse et d'en finir d'un seul coup... de boutoir avec tous les maléfices attribués à *l'instruction* qui fait *des ouvriers d'élite.*

L'instruction actuelle, qu'on devrait nommer non pas intégrale, mais intensive, comme la culture de ce nom, nous pousse aux grandes productions intellectuelles. Or, il n'y aura peut-être pas assez de consommateurs intellectuels sur « notre place », et de même que, par les temps de crises, il se fait des stocks de marchandises matérielles, par un fait spirituel de tout point semblable, il y aura engorgements de produits intellectuels. De là des migrations nécessaires vers des pays plus riches en espaces, en terres, en populations frustes, et moins riches en intelligence et en produits de l'intelligence.

On a dit du passage d'Attila, qu'il était « le fléau de Dieu ». On pourrait dire du progrès que c'est « le fléau des retardataires de la civilisation ».

C'est en vain que la Chine se défend de communiquer avec l'Occident. C'est en vain que tous les indigènes sauvages se retranchent derrière leur barbarie : il y a un droit général qui domine tous les droits particuliers, c'est celui de l'*humanité*...

C'est l'autochtone visité, conquis, dépossédé s'il le faut « du droit sacré de premier occupant » par un droit non moins sacré, — le droit à la vie de l'humanité.

Or, on vit de diverses façons : matériellement, moralement, intellectuellement, et ce sont des droits non moins sacrés de se répandre par l'intelligence et pour la vie de l'intelligence que par le travail matériel pour la vie matérielle.

Nous disons sans cesse : « Les anciennes migrations des peuples. » Comme si ces faits étaient à jamais relégués dans le domaine légendaire. Mais les *migrations* de l'*intelligence* n'ont jamais cessé de nous *aux barbares*, et elles vont devenir *urgentes*. Nous aurons un *trop-plein d'intelligence*, et nous le déverserons dans les colonies de gré ou de force, et nous passerons comme Attila à travers le monde pour placer tant de cerveaux riches de science et pauvres d'emplois. Et cela continuera jusqu'à l'*engorgement* total de toute l'humanité. Alors, peut-être, *la nécessité* nous fera comprendre que tous les travaux sont *importants et honorables*. Que l'instruction ne dispense pas *des plus simples*. Que Frédéric Passy scie son bois de chauffage et considère que c'est là un très bon exercice. Que la duchesse de Montmorency savait laver ses dentelles, alors que des rustauds et des rustaudes, sorties de leurs petites écoles de village, *ne veulent plus savoir* faire œuvre de leurs dix doigts !!!...

L'Idéal, en effet, est de rendre attrayant, par l'instruction, les plus élémentaires connaissances, les plus élémentaires sensations.

Une promeneuse à la campagne disait : « Tout ça, *c'est* de la verdure, et toujours de la verdure ! des herbes, et toujours des herbes ! Et, si vertes que soient toutes ces verdures, cela affadit l'imagination, cette immense platée d'épinards pas cuits ; c'est fade comme un paysage acheté par l'État pour quelque musée de province !!! »

Ouf !... que si la Parisienne eût herborisé par monts et par vaux, que si elle eût appris la vertu des plantes, leur histoire, leurs mœurs, leur poésie, elle se fût éprise de la campagne et de « ses herbes ».

Il en est de même du moindre état. Le maçon, s'il savait les couches souterraines du globe, les gisements des matériaux qu'il emploie pour l'édification des châteaux ou des chaumières, des forteresses ou des temples, le maçon devenu penseur ne trouverait aucun état supérieur au sien. Il comprendrait enfin qu'il n'y a *qu'un honneur*, qu'il peut être aussi fier d'exécuter avec intelligence un bon travail manuel, que l'architecte ayant conçu et ordonné le plan de ce travail peut être fier et mériter honneur si rien ne pèche dans sa conception intellectuelle.

Et maintenant, qu'on me laisse fermer l'oreille aux homélies qu'inspirent aux mélancoliques les méfaits de l'instruction. D'autre part, honorons les fonctions modestes, pour le mérite de ceux qui, en les remplissant, gardent ininterrompus tous les échelons nécessaires *au travail.*

Passons à ceux que la fortune, le nom, tiennent à l'écart de l'industrie, du commerce, pour les confiner dans les coteries de leur caste. Ils se complaisent dans le passé, et tout ce qu'ils peuvent accorder *aux corporations ouvrières,* ce sont *les syn-*

dicats et *les maîtrises.* Le progrès est un vain mot pour ces idolâtres des vieux temps : hier, aujourd'hui, demain est même chose à leurs yeux. Laissons-les à leur aveuglement, les siècles et le progrès ne peuvent rétrograder. Surtout, ne confondons pas avec ces incapables la vraie noblesse intelligente et menant de pair, avec les traditio: du passé, où sont ses berceaux et ses tombes, la notion exacte des devoirs que lui créént de glorieux ancêtres.

* * *

Des hommes abusés ou sans discernement brandissent, à tort et à travers, l'étendard du fameux *droit au travail* (1). L'ouvrier entend se constituer *seul* juge et partie. N'est il pas seul en effet, dit-il, à gagner de l'argent ?

Voyez ses mains ! C'est à lui de faire la part du patron et non à ce dernier à lui imposer la sienne. Un peu plus il répéterait, parodiant le renard de Lafontaine, et s'adressant à quelques comités d'ouvriers, peu soucieux des intérêts du patronat :

(1) Nous aussi, et plus qu'eux, nous reconnaissons *les droits du travail* comme *les droits à la vie ;* mais nous sommes obligés de nous incliner parfois devant de dures nécessités. — Toujous nous raisonnons d'accord avec toutes les fractions du travail.

8.

Vous êtes trop bon roi ;
Vos scrupules font voir trop de délicatesse.
Eh bien ! ruiner patrons, canaille, sotte espèce,
Est-ce un péché ? Non, non. Vous leur faites, seigneur,
En les ruinant beaucoup d'honneur.

. . . .

Des patrons agioteurs pensent que l'ouvrier est un instrument dont on peut se servir, sans attache, sans lien moral ; qu'il n'y a pas de devoirs entre le capitaliste et le travailleur. Ils embauchent des hommes au cours, au tarif ; ils les « mettent à pied » en attendant de nouvelles commandes qui viendront demain.

Cet industriel, ce manufacturier ne connaît que le cours de la Bourse, le tant pour cent avec prime. Il ne dit jamais : J'ai fait un bon travail ; il dit : J'ai fait *une bonne opération.*

Cet homme, c'est la jouissance à tout prix de l'école type césarienne... C'est l'homme métal... ou boue...

Nous le retrouvons entrepreneur public, fournisseur des armées. Il a gagné cent pour cent dans cette opération.

Qu'importe que nos soldats sans chaussures, les pieds gelés, aient marché dans la neige, parce que le fournisseur avait livré des souliers *dont les semelles étaient collées !*

Qu'importe qu'en lambeaux, presque nus (le point

faisant trou sur l'étoffe), ils soient morts de froid dans la plaine !

Qu'importe, dites-vous !... Pirates du travail !... soyez maudits et flétris à jamais !...

Vous avez imposé la souffrance, la mort à nos enfants d'une façon plus sûre et plus cruelle que la canonnade *kruppenne*.

Nos cœurs ont saigné devant ces misères non dues au devoir civique accompli.

Que la honte de nos défaites et de l'invasion étrangère retombe sur vous pour une large part. L'histoire n'absoudra jamais votre crime.

Toutes ces opinions sont peu faites pour aider un homme sérieux, de bonne foi, à faire prévaloir ses idées dans l'intérêt même de la classe ouvrière, à l'éclairer sur ses droits et sur ses obligations. On reste l'esprit libre quand on a entendu d'aussi misérables arguments, et s'ils ne guident point dans la voie des recherches, choisies de prédilection, du moins ne projettent-ils pas dans l'esprit du penseur ces lueurs douteuses plus fatales que l'obscurité complète.

Il est un état d'esprit qui émeut tristement : celui du patron désabusé.

Oui, des hommes de cœur et d'action, ayant tout tenté, tout sacrifié pour le bien-être des tra-

vailleurs, sont pris de découragement et se disent:
« A quoi bon ? c'est fini !... Nous ne croyons plus
à rien !... Vous ne savez pas ce que l'ouvrier
vous garde d'ingratitude, vous qui vous occupez
de lui, vous qui espérez encore. Ah ! vous ne le
connaissez pas !... »

Il y a quelque chose de navrant dans cette
plainte indirecte. C'est le cri de détresse des illusions qui sombrent. Reculons pour ne pas y laisser *notre foi.*

Cet homme était excellent, mais il était faible ;
il avait besoin de voir acclamer ses bienfaits pour
soutenir ses œuvres. Sachons pratiquer le dévouement sans faiblesse. Armons-nous pour la justice.
« Fais ce que dois. » Ce n'est point en jetant le
manche après la cognée que le bûcheron défriche
les forêts. Ne nous laissons pas abattre, et prenons
pour devise : *Tout pour le droit par le devoir.*

Le droit, cherchons-le donc avec la conscience de
faire notre devoir.

Qui, dans son for intérieur, n'a résolu la question? Peut-il être d'un seul côté? Quand deux intérêts particuliers sont en présence, doit-on sacrifier l'un à l'autre? — Nous réservons le troisième
intérêt *général.* — Peut-on forcer l'ouvrier à une
occupation qui lui répugne? le retenir à un travail
pour lequel, à tort ou à raison, il ne se croit pas
suffisamment rémunéré, s'il n'a pris des engage-

ments d'honneur de mener à bonne fin cette entreprise, ce marchandage? Nullement; pas plus
que d'imposer au patron l'ouvrier qui lui déplaît,
qui mutine ses camarades.

Matériellement, rigoureusement, selon le droit,
l'ouvrier et le patron ne se doivent que la liberté
réciproque de leurs actes, en dehors de leurs engagements, autant que ces actes, ces exigences
ne compromettent en rien la liberté de l'autre in-
téressé.

C'est sur ce principe d'indépendance que doivent se baser les conditions du travail et du salaire. Nous n'en connaissons pas d'autres sauve-
gardant l'entente libre du travailleur et du patron,
tant au point de vue moral et matériel qu'à celui
de la dignité de l'homme devant toujours rester
l'arbitre de sa destinée.

En faisant la part des intérêts particuliers du
travail, au précédent paragraphe, nous avons ré-
servé *l'intérêt général*. Cet intérêt est représenté
par l'État.

Il ne faut pas se faire illusion. Il n'y a en France
— la conscience publique en soit louée — que des
appropriations temporaires et particulières de
toutes les richesses naturelles, des biens fonciers
et, jusqu'à un certain point, des domaines de l'in-

telligence, inventions dues au seul génie humain.

L'État, la nation, la collection des individus, voilà les possesseurs réels, *immuables*, de toutes les richesses, de tous les biens.

Comme la masse des eaux un moment écartée, divisée par le sillage des navires, sans rien perdre de son opacité fluide, de sa teneur totale, de sa continuité, même quand les apparences troubles opposent à nos sens la vision de la discontinuité, la propriété reste intacte et indépendante des appropriations qui la traversent sans l'entamer.

Une mine est explorée. L'État en donne la concession à celui qui l'a découverte, à la charge qu'il *exploitera*, c'est-à-dire mettra en valeur, versera à la masse de *la circulation* cette richesse jusquelà ignorée, à lui appartenant et non encore appropriée.

Le terme accordé pour cette exploitation passé sans travaux d'expérience ou de rendement, l'État rentre en possesion de la mine et la met à la disposition d'autres entrepreneurs, comme un *fief* conditionnellement constitué et dépendant de son apanage. Il n'aliène d'ailleurs aucun de ses droits seigneuriaux. Suzerain, il demeure et garde ses droits de rentrée en jouissance, d'héritage, d'expropriation. L'État *est* et *reste quand même propriétaire*.

Mais, direz-vous, passe pour le sous-sol! A la surface, mes biens au soleil ne doivent rien à personne, et quand j'ai payé l'impôt à l'État, je suis quitte de toute obligation.

Oh! mon cher lecteur, n'avez-vous jamais songé à la ressemblance *du fermage* touché par vous avec l'impôt payé par vous?...

Vous avez hérité, par lignage direct, d'un bien-fonds que vos père et mère se sont complus à vous laisser en bon état. Pour que cette propriété passe régulièrement entre vos mains, vous avez dû faire *enregistrer* cette passation par l'État. Il a retenu en numéraire son droit de maître et vous a consenti un nouveau *bail à vie*, avec faculté de rétrocession à d'autres, d'héritage ou privilège à vos proches, à de purs étrangers, si votre *désir* est formellement exprimé par testament. C'est là une réelle *faveur féodale* qui n'exclut pas ses droits.

Vos enfants payant comme vous avez payé pour entrer en jouissance de vos biens, ils seront expropriés de leur fermage *pour cause d'utilité publique* et indemnisés par l'État, voilà tout. Ils meurent sans progéniture; des héritiers se présentent néanmoins. Les droits d'héritage sont de plus en plus forts au fur et à mesure que l'objet de l'appropriation première s'éloigne et que se rapproche *la clause* de rentrée naturelle à l'État : l'extinction des ayants droit au fief, accordé par appropriation première, en retour d'obligations de services, en récompense de services, en remploi de services, — capital ou travail, — l'étranger désigné comme héritier paye une taxe léonienne.

Enfin, l'heure est venue où le bien de tous rentre en les mains suzeraines de l'État, et se trouve libre pour une nouvelle appropriation comportant tous les droits et les charges succinctement énumérés.

Pourquoi ai-je fait suivre à mes lecteurs les dédales des appropriations diverses de *la propriété?* — Pour qu'ils trouvent d'eux-mêmes le fil conducteur de mon récit.

Nous nous retrouvons en pleine question de travail, et, dès lors, édifiés sur les apanages de l'État — *possesseur gérant* — des biens de tous ; nous affirmons hautement son droit et son devoir de s'ingérer entre le patron et l'ouvrier dans les convulsions du *travail*. Il manquerait à ses obligations élémentaires s'il laissait péricliter une branche du travail.

L'État doit intervenir dans les conflits révolutionnaires, éviter l'effusion du sang, la perte ou la destruction des instruments du travail, le gâchage des produits ou des matières premières, du capital. Certes, il le doit, par humanité d'abord, et aussi pour affirmer *sa gérance* sur les biens appropriés, que le propriétaire temporaire détient par contrat spécial, dont *l'esprit est la mise en valeur profitable à tous.* Il a le droit de veiller sur les faibles et sur les forts, sans faire pencher la juste balance du côté des patrons ou du côté des travailleurs. Il doit être armé pour la justice, *non contre des rebelles.* Il doit faire prévaloir non la cause de ceux-ci ou de ceux-là, mais *la cause du travail.* La mine, l'usine, les champs aux travailleurs. Nous confondons à dessein dans cette appellation tous ceux qui, par le capital, — épargne accumulée, travaux accumulés, — tous ceux qui par l'intelligence, la pensée et les bras, concourent à réaliser cette chose sacrée : *le travail.* Le travail de proche en proche, élément de vie et de mieux être pour l'humanité.

Qu'on ne puisse accuser l'État de partialité, soit en faveur du patron, soit en faveur du gréviste. Qu'il maintienne son action en parfait équilibre entre les intéressés. Qu'on sache bien que le patron ne paye pas la troupe qui garde la mine, la carrière, l'usine; car l'État a *charge de pourvoir aux frais du bien public, de la paix publique, du travail public.* Il a charge de *porter secours* en cas de *sinistre public.* Or, l'arrêt ou la fermeture de certains chantiers sont presque toujours *une calamité publique,* un sinistre de la pire sorte.

Il devient évident que si les patrons ou les actionnaires croient les exigences des grévistes impossibles à réaliser, ou qu'ils s'obstinent à maintenir leurs prix par amour du lucre et insouciance du bien-être des travailleurs, le travail restera en souffrance ; car les ouvriers aimeront mieux d'abord pâtir dans la misère de l'inaction que dans la misère du chantier.

Il est non moins évident que si les grévistes demandent des salaires trop élevés, ruineux pour les patrons, ne laissent aucun dividende à espérer aux actionnaires, tout ce qui représente le capital-argent, matériel, outil, etc., chômera, de préférence à une action désastreuse. Cette fois encore la production ou circulation de richesse sera interrompue.

Que doit faire l'État entre des intéressés qui ne peuvent d'eux-mêmes se mettre d'accord et dont les dissentiments sont causes de conflits, de crises, et, par surcroît, de désastre public : — la mort du travail ?

— Proposer sa médiation ; agir officieusement par l'organe des autorités civiles...

— Et si cette tentative de conciliation ne réussit pas ?

— Passer à *l'arbitrage*, juridiction compétente dans laquelle tous les intérêts sont discutés en connaissance de cause et dont les arrêts, sans avoir *encore force de loi effective, ont déjà moralement la puissance de juger.*

Parallèlement à ces mesures semi-officielles et semi-officieuses, susciter des réunions, faire des conférences, *démonter...* qu'on me passe l'expression, *le coup* des « monteurs de coups ». Ne négliger aucun moyen de persuasion juste et légitime. Présenter sous toutes ses formes le respect dû à la personne humaine, à ses opinions, à ses actes, quand ce trio ne porte pas atteinte à l'autonomie d'autrui. Cette instruction phylotechnique spéciale est nécessaire au cours des grèves. Combien elle en préviendrait si, au sein des agglomérations ouvrières, dans les centres miniers, manufacturiers ou autres, de jeunes hommes instruits portaient « la bonne parole » dans ces cœurs ulcérés. La jeunesse surtout est faite pour aider aux transformations sociales, avec la bienveillance fraternelle qui ouvre à la fois l'entendement de l'esprit et du cœur. L'émotion, la chaleur d'une nature généreuse, dans un être intelligent, a toujours captivé le prolétaire; il n'a point de défiance contre « l'étudiant », il aime l'école et serait heureux d'ouïr de la bouche de ses favoris les vérités scientifiques rapprochant les hommes. L'amour de l'humanité, qui comporte cet idéal souverain : — le règne de la justice pour tous, — deviendrait l'idéal de l'ouvrier soustrait aux chimères du quatrième État par le rappel au droit commun. Fermons cette parenthèse.

Pendant les mesures préliminaires, il serait rationnel que la troupe, composée des enfants de

tous, au service de la nation, fît les travaux urgents, qu'une partie du produit fût distribuée au
capital-outil et l'autre au *capital-travail*, attribuée
par voie de délégation aux ouvriers de la mine,
qu'ils fussent grévistes ou non. L'État ne doit per-
cevoir aucun salaire pour sa gérance; de même,
il doit interdire tout acte pouvant laisser planer
un doute sur son impartialité dans l'esprit public.
Officiers et soldats non seulement ne reçoivent
aucune rémunération particulière de la part des
intéressés en conflit, mais ils n'accepteront ni po-
litesses, ni cadeaux, ni faveurs, pouvant entraîner
leur conscience à l'inféodation d'une cause au détriment du devoir civique qui doit s'exercer en dehors de toute préférence.

Enfin, il faut conclure. Patrons et ouvriers s'obstinent. Malgré la liberté qui a présidé à leurs conférences, ils ne concluent rien. L'intervention
amiable de l'État ne peut durer. La troupe ne
doit pas être immobilisée indéterminément. *Le
travail, œuvre de vie*, ne peut mourir d'inanition.
Alors, logiquement, l'État, n'ayant pu accorder
les deux facteurs du travail, a *le droit d'expro-
prier la mine, pour cause d'utilité publique*.
Comme il a eu le droit de reprendre sa concession,
faute d'exploitation, et disposer au mieux des intérêts généraux d'un chantier de production qui
ne doit pas rester infertile.

Il n'y a rien, dans cet acte d'autorité, de contraire à la libre entente du travail, mais, dominant ce « libre malentendu », l'accomplissement d'un mandat impérieux : mettre hors le mauvais vouloir ou l'incurie des détenteurs et tenanciers d'un bien capable de produire pour les besoins généraux de la consommation, un objet qui, en d'autres mains, sera une cause de bien-être général. Procéder de la sorte n'est pas fairé acte *de socialisme d'État* chez une nation démocratique, c'est-à-dire chez une nation qui se gouverne elle-même par l'organe de ses représentants.

*
* *

Le socialisme d'État, à notre époque, est une œuvre césarienne ou monarchique, la conférence de Berlin vient de l'attester une fois de plus.

Le jeune empereur *absolu*, le mystique guerrier de la paix, sent venir les temps nouveaux. Sans sortir des traditions de sa race, mais les modifiant dans la forme, selon les besoins de la cause, il place son peuple sous sa tutelle ; il veut être l'ange et l'archange du travail jusqu'au jugement dernier.

Guillaume II règne en esprit, pour la gloire de l'empire germanique et pour sa propre gloire, sur le régime économique de l'ère nouvelle du travail.

Ses sujets seront heureux par ordonnance impé-
riale. Ils travailleront en mesure et se reposeront
de même; ils manœuvreront dans la vie comme
les pièces d'un échiquier sur le cadre où une
main habile les promène. Tel est le bon plaisir
de Sa Majesté! — Votre serviteur, Sire, j'aime
mieux pleurer et rire à mes heures.

Il serait absurde de nier l'importance des faits
économiques et sociaux qui découleront naturellement de la conférence de Berlin. Le plus considérable est, selon nous, l'appel de délégués internationaux dans la capitale, où le chancelier de
fer, M. de Bismarck, avait érigé en précepte de
foi sa devise : La force prime le droit.

Dans sa volte-face, Guillaume a-t-il songé à la
devise nouvelle à opposer à cette devise de lèse
humanité, absoute et encouragée par son grand-
père ?...

En apparence, la conférence internationale de
Berlin n'a donné renaissance — car ce ne sont que
les redites de Genève, de Londres, de Paris, d'un
peu partout — qu'à des vœux en faveur du travail dans les mines, dans certaines industries
insalubres, pour l'amélioration du travail des
femmes et des enfants dans les manufactures, du
repos dominical, envisagé au double point de vue
de la surproduction et de la morale publique,
et sur cette pente, timidement, la diminution des

heures de la journée du travail (1). Or, ces desiderata indiqués en jalons sur le terrain du travail sont mûrs pour le présent, et nous pourrions dire comme Voltaire à sa fin : « Nos fils sont heureux, ils verront de grandes choses. » Ces choses mûres, ces choses prédites, surprennent les classes dites dirigeantes et éclairées en France.

La plus colossale erreur d'un grand homme politique contemporain, Gambetta, est d'avoir nié « la question sociale » qui étreignait si passionnément tant de cerveaux quand il prononça ces paroles funestes : — « Il n'y a pas de question sociale, il n'y a que des questions politiques. »

Nous protestâmes en notre for intérieur et dans nos relations contre l'aveuglement, en pleine lumière, de cet esprit d'ailleurs si lucide, — car nous n'ignorons pas que les opinions erronées de per-

(1) Le curé de ma paroisse vint un jour me rendre visite. Il me dit. « On se trompe, n'est-ce pas, quand on affirme que vous faites travailler le dimanche? » Non pas, lui répondis-je, on ne se trompe pas. L'évangile permet de retirer son âne du puits de son voisin. Nous, c'est l'âne de notre voisin que nous retirons de notre puits, à grand renfort de sacrifices. Quand notre machine marche pour quelques réparations urgentes qui permettent, le lendemain, à des milliers d'ouvriers et d'ouvrières de reprendre leur travail, nous sortons l'âne de notre voisin de notre puits, ce qui est autrement chrétien que ce qui est permis par l'évangile.

sonnalités très en vue ont souvent étouffé des années le cri de la conscience publique dans des débats de vie ou de mort pour l'humanité.

Rien n'est plus funeste que ces influences de bandeau, dans le jeu du colin-maillard populaire. Pendant qu'on s'agite, invité, tiraillé, moqué ; qu'on s'échauffe à l'action et qu'on y perd sa présence d'esprit : Casse-cou ! on est lancé ! La nuit factice du bandeau devient une nuit réelle, pleine de danger. La réalité s'évanouit. La chimère la remplace. On poursuit une piste fausse et on se heurte au mur, rigide et meurtrier : Casse-cou ! Il est trop tard !...

N'est-il pas trop tard pour reconnaître enfin que « la question sociale » existe ?

Pourquoi serait-il trop tard, si, de bonne foi, nous avons porté le bandeau de la négation et si, le choc des événements nous ayant ouvert les yeux, nous avons reconnu notre erreur ? La vie est une expérience continuelle. Quand on est sincère, les idées se modifient, et ce fait est un enseignement et un encouragement. Il ne faut rien dénigrer ni dédaigner en fait de progrès ! Celui-ci est en arrière de nous sur certains points, il est en avance sur d'autres. Répandons l'esprit de concorde générale. Excusons l'esprit sectaire, c'est un état militant nécessaire dans l'imperfection où nous sommes, mais qui disparaîtra quand toutes les intelligences auront réalisé leur maximum de facultés.

Dans ce même livre, très jeune, sans expérience, je me permettais d'extrêmes sévérités verbales contre « l'Internationale ». C'était après la guerre de 1870. Hélas! quelle sérénité juvénile ne se fût enfiellée du vert venin de haine contre l'étranger nous tenant sous sa botte? Quelle raison ne fût trop ébranlée pour juger sainement de l'avenir sous l'affront du présent, dans l'humiliation douloureuse où s'effondraient nos orgueils nationaux?

Cependant, nous sommes conviés à le reconnaître, les intérêts internationaux des travailleurs ne peuvent recevoir de sanction efficace et bienfaisante qu'autant que les améliorations de premier ordre seront des améliorations internationales; celles de détail restent des faits isolés où se retrouve et se perpétue le génie propre à chaque nation, à chaque individu. Les grands traits doivent être uniformes en principe; autrement, chaque amélioration partielle amènerait la mort de quelque industrie nationale et, de proche en proche, de toutes les industries du pays qui prendrait seul l'initiative de mesures très justes en elles-mêmes, mais meurtrières et ineptes au point de vue de la prospérité du travail national et, par suite, du bien-être, non seulement des patrons et des ouvriers, mais de toute la nation. Guillaume II n'était

9.

pas tellement aveuglé par son ardeur de néophyte socialiste, qu'il ne se rendît compte de ces vérités, et elles l'empêchèrent de s'isoler dans son omnipotence césarienne pour viser de sa griffe d'autocrate les revendications populaires des deux mondes.

Le principe des intérêts internationaux du travail et des travailleurs est nettement posé à la face du monde.

Notre siècle verra l'unification de ces intérêts, indépendamment du bon ou du mauvais vouloir des facteurs principaux : — Capital et patronat. Action, ouvriers.

CHAPITRE X

Il faut avoir la connaissance de son état.

Les conditions nécessaires à une bonne entente entre ouvriers et patrons résident non seulement dans la connaissance des droits et des devoirs moraux de chacun, dans leur observance, mais, chose très élémentaire, — bien qu'elle semble avoir échappé aux écrivains, aux économistes : — pour le praticien, dans la connaissance parfaite de son état; pour le patron, dans l'appréciation juste et éclairée du travail, — dans sa compétence absolue en matières brutes et en matières fabriquées, — autrement dit matières premières et matières œuvrées. Il est évident qu'on ne peut sainement raisonner d'un travail si, à défaut de la pratique de ce travail, on ne connaît au moins à fond la théorie.

En Angleterre, le système d'éducation industrielle, manufacturière, commerciale, est préférable au nôtre — je parle en général — du côté expérimental ou pratique. Il lui reste inférieur du côté des hautes études spéculatives. Il faudrait réaliser cet idéal d'une instruction professionnelle technique complète et de l'application de la science acquise sur un ou plusieurs métiers se rattachant à l'industrie à laquelle on se voue à titre de patron.

Ce n'est pas rien! direz-vous.

Mais je n'ai jamais cru, et avec moi tous les esprits sérieux, qu'il fût aisé d'être patron! — Grand patron, s'entend. Pas plus qu'il n'est aisé de devevir un maître en la science de guérir, en la science d'enseigner, en la science de juger, en la science de gouverner. Pour acquérir chacune de ces sciences, il faut, sans désemparer ni trébucher, à peu *près vingt ans d'études...* Quel apprentissage, n'est-ce pas?

Songez qu'il ne s'agit pas ici de huit heures d'études par jour, mais de la haute lutte de l'esprit pour escalader les sommets de la science.

Prenons, si vous voulez, un exemple d'instruction industrielle que nous considérerons comme le type des études nécessaires à un patron de notre temps, et voyons quelle somme de travail il a donné en vingt ans.

De 6 à 11 ans, le petit a fait, avec des camarades, fils d'ouvriers, son cours d'école primaire. De

11 à 16, il a, comme on dit, fait « ses classes ». Il est devenu bachelier. Il a connu à l'École Monge des jeunes gens dans des positions diverses, élevés avec des idées différentes... Il s'est lié avec des étrangers comme avec des Français. C'était un peu le monde dans son ensemble, abstraction faite de toute spécialité.

Sans préparation de quoi que ce fût, il entrait à l'École d'arts et métiers d'Angers, et « comme les camarades » étudiait ou travaillait quinze heures par jour, sans préjudice des dessins en retard pendant les récréations, des veilles — au lit — aux époques d'examens, du dimanche où on se fait dispenser de promenade. Cependant, la santé n'est pas mauvaise, grâce à la variété d'occupations et aux *sept heures d'atelier* qui délassent l'esprit des études proprement dites. Il y a bien, çà et là, quelques sujets *surmenés* par l'étude ; mais où le surmenage intellectuel n'existe-t-il pas à notre époque, où les jeunes gens sont absorbés par l'étude, le talonnement des examens, la crainte du renvoi, à une saison de la vie où il faudrait au moins un peu de sécurité pour grandir et se former, tout en s'incorporant la science?...

Trois ans d'École d'arts et métiers donnaient au jeune sujet une base positive sur laquelle allaient s'étager les conceptions plus spéculatives de l'École centrale. Il avait 19 ans.

L'intervalle entre la sortie de l'Ecole d'arts et métiers et les examens pour l'École centrale — trois
mois à peine — est consacré à une préparation
intensive « dans une boîte » à cet effet.

C'est fatigué à périr que le jeune homme se présente aux examens... Il est reçu néanmoins, et de
suite commencent les cours de « Centrale ».

Pour « choisir son arme » et avoir le bénéfice
accordé aux étudiants de pouvoir reculer le service militaire jusqu'à la fin des classes, le jeune
homme s'est engagé sans attendre les chances *du
tirage au sort.*

L'étudiant est entretenu à Paris à grands ren-
forts de sacrifices paternels, mais il n'en vit pas
moins entouré de dangers...

Le soir, de bonne heure, il allume sa lampe et
ne se couche pas avant minuit... une heure... deux
heures du matin. C'est à peine désensommeillé, à
peine dégourdi de la fatigue des études nocturnes,
qu'il se présente à huit heures à l'école pour n'en
sortir qu'à quatre heures et demie. Il a pris dans
cet intervalle un déjeuner à l'école même et une
courte récréation. S'il loge à quelque distance de
l'école, c'est tant mieux, cela le force à un peu
d'exercice à l'air avant son repas du soir et la
reprise de ses excédants travaux d'esprits.

J'ai assisté au spectacle navrant du graduel appauvrissement physique de cette jeunesse dont on

chante la vingtième année en si joyeux couplets !
Quelle tristesse !...

Je fus, un jour entre autres, retenue tout un
après-midi, par une attente vaine, dans la salle des
Pas-Perdus, sur laquelle aboutissent les cabinets de
toutes « les autorités » de l'école. C'était l'époque
consacrée « au projet ». Les élèves venaient se
renseigner ; je les voyais aller par groupes ou isolément. Tous ces jeunes visages portaient l'em-
preinte *du surmenage*. Ils étaient pâles et flétris,
déjà courbés, déjà chauves en très grand nombre.
Ils ne résistaient à la fatigue des nuits qu'à l'aide
du café pris à haute dose, et une fois l'action de
cet excitant éteinte, ils retombaient dans une pros-
tration qui semblait le commencement du sommeil éternel...

A l'École normale supérieure, sur vingt sujets,
élite des intelligences françaises, qui sortent chaque année, *seize restent seuls sur le chantier du
haut professorat.* En moyenne, quatre sont morts,
dans chaque promotion, au cours des quatre années de l'exercice de leurs premières fonctions.
Pendant la période des cours, malgré l'usure
physique et intellectuelle du sujet, il y a une sorte
d'entraînement qui fait que le corps résiste, que le
cerveau conçoit. Mais quand le moment de produire est arrivé, le surmenage est complet — et
parfois irrémédiable ! — L'acquis reste dans sa

boîte osseuse, le cerveau et le corps retournent au néant... Combien ai-je reçu de ces confessions d'impuissance de la part de jeunes professeurs, les uns incapables de faire une thèse au sortir de l'école, les autres la faisant avec une peine infinie... tous se frappant le front disant : « Il y a quelque chose là... Un peu de génie, peut-être... » et ne donnant qu'une chose plate, sans aucune originalité.

Il faut voir ces efforts, il faut sentir les angoisses des mères, tremblant que quelque fièvre cérébrale emporte l'enfant chéri, et cependant, en face de l'examen à passer, faisant taire leur pitié maternelle et, dans une sorte de folie héroïque, criant du fond de leurs entrailles déchirées : « Pioche ! — Pioche ! En avant ! En avant ! » — Il faut, après l'action, compter « les victimes » sacrifiées à la science pour comprendre le poids des positions où elle est nécessaire et accepter *avec respect* ceux qui, au risque de tout, ont acquis le droit de porter ce noble titre de « Patron ».

Revenons à notre jeune « ingénieur ». Il attend qu'on l'appelle sous les drapeaux ; après un moment de répit, il est soldat à 23 ans. Dans cette année « du volontariat », il passe successivement d'étapes en étapes au grade de sous-lieutenant. Il a senti encore une fois, comme à l'école communale, *l'unité de la nation*. Il a eu un large et bon sourire en face du tutoiement populaire. « Le soldat, » fût-il prince, est une des unités du peuple français : un, égal et indivisible.

Il va porter à l'usine cet esprit fraternel.

Ses fils, en dehors des autres études, feront, comme lui, un apprentissage professionnel qui en fera des hommes pratiques.

Ces connaissances pratiques donnent à ceux qui les possèdent une prépondérance considérable sur l'esprit des ouvriers; elles influent d'une façon radicale sur leur conduite et leur travail. Ils savent, en effet, qu'il est inutile de chercher à en imposer au chef pour le temps nécessaire à l'exécution d'une pièce, et, partant de là, ils ne le tentent pas. Que de difficultés évitées par cela seul!...

Les ouvriers respectent ceux qui possèdent la force et l'adresse physiques; ils aiment et estiment les patrons qui, à l'occasion, ne dédaignent pas de mettre la main « à la pâte ». Ils ont raison : *Le travail est un lien moral.*

Malheureusement, tous les fils des industriels ne sont pas élevés comme « notre ingénieur ». Il en est beaucoup qui font leurs classes *en simples bourgeois.*

Quand ils entrent dans les affaires, après quelques années données au plaisir, à ce bon temps où « jeunesse se passe », ils risquent fort, mal gré toute leur bonne volonté, d'être de vrais brouillons aux bureaux paternels. Ils ont tout à apprendre; leur inexpérience est doublée d'ignorance, et ils risquent fort de n'acquérir jamais autre chose que les dehors plus ou moins trompeurs d'hommes sérieux.

En réalité, subordonnés aux employés de leur maison, ils ne s'avouent pas leur incapacité et jettent le trouble dans l'organisation rationnelle de l'usine. Le directeur marche de travers pour aller au but où tendent ses efforts, dans la crainte d'être enrayé s'il découvre sa réelle ligne de conduite. L'ingénieur, à chaque instant, se voit proposer des constructions impossibles. Mille choses pèchent, et plusieurs irrémédiablement, par suite de l'incompétence du patron.

Jeune, le bambino devrait jouer à l'ouvrier, croire sérieusement qu'il travaille et en être fier, se former le cœur, l'esprit, le caractère, le corps à la trempe du métier dont il doit vivre et faire vivre autour de lui un nombre plus ou moins considérable d'ouvriers. Autrefois le futur guerrier se battait au milieu de ceux qui devaient être ses compagnons d'armes. Il s'exerçait à l'adresse, luttait en commun; ces exercices, sans contrainte, faisaient des émules, des camarades de ceux qui s'y livraient; il s'établissait entre eux un lien de réelle affection, d'estime réciproque, et quand le jeune chef était en âge de commander, c'est-à-dire de remplir ce suprême devoir que lui conférait la destinée « de conduire des hommes », ces hommes, formés en faisceaux, se battaient en héros sous ses yeux et mouraient avec lui dans la joie d'avoir été « de dignes compagnons », les amis, « les dévoués » du chef choisi autant qu'accepté.

Au lieu de s'amollir dans le commerce d'êtres sans orientation, sans valeur personnelle, de beaux fils joueurs et parieurs, comment ne comprend-on pas qu'il faut aujourd'hui se liguer pour l'œuvre de notre époque, pour la conquête des voies du Travail, comme on se liguait autrefois pour les conquêtes d'honneur, de richesses et de territoires ? Oui, le travail est la grande conquête à accomplir avec foi par des individualités initiées à la noblesse de cette œuvre de paix, de bien-être, de justice, de sécurité.

* * *

Généralement, quand on parle d'un prolétaire, on dit : C'est un ouvrier ! — Titre de noblesse dans un siècle où rien n'est plus considéré que le travail !

Malheureusement les bons praticiens, étant parfois confondus avec les mauvais, supportent une partie du discrédit s'attachant à ces derniers ; cela n'est pas juste. Il est essentiel de faire un triage, de bien définir ce qu'il faut savoir et pratiquer pour avoir droit aux égards dus aux véritables ouvriers, et en première ligne à la confiance due à des êtres conscients et libres.

Le mauvais apprenti fait rarement un bon ouvrier. Il y a une sorte de *conscience du travail* qui ne se développe guère que graduellement et quand on commence jeune à en recueillir les précieux enseignements. Nous craignons, en général, les apprentis de hasard, les coureurs d'ateliers, qui, sous prétexte de se former à tout, ne possèdent aucun état à fond.

Le bon apprenti fait le bon ouvrier. Fort de lui-même, et par cela calme, poli, digne, sachant qu'il tient entre ses mains le bien-être auquel il a droit par son labeur intelligent et fructueux, par la régularité de sa conduite à l'atelier, il discute posément ses intérêts, tient en bon ordre ses comptes de marchandages ou de journées, évite, autant que possible, tout sujet de contestations, et quand il ne peut s'y soustraire, au lieu d'aggraver le débat par des doutes irritants, il le porte de préférence devant un tribunal spécial qui le termine paternellement. Nous voulons parler des conseils de prud'hommes, dont la principale attribution consiste à concilier les différends qui peuvent s'élever entre les manufacturiers, les fabricants, les patrons et leurs ouvriers ou apprentis, dans des questions relatives au travail, et à juger ces différends quand ils n'ont pu être conciliés.

Le bon ouvrier ne sort pas du *Vrai*, puisque dans *le Vrai* il trouve *le Bien*.

Le mauvais ouvrier, au contraire, est devenu l'ouvrier remuant, mécontent, irascible, superficiel et de mauvaise foi, qui veut dominer ses compagnons, leur faire croire qu'il en sait plus qu'eux. Il est au brave travailleur ce qu'est le roquet malingre et hargneux au gros chien placide et superbe, dédaigneux de répondre aux forfanteries quinteuses par un coup de patte qui assommerait. C'est une cause de bruit, de désordre dans une usine, quelquefois même de danger, quand les patrons ou les contremaîtres ne les dominent pas complètement par des connaissances pratiques dont la lucidité s'impose et n'admet pas de controverse.

La connaissance parfaite de l'état manuel duquel l'ouvrier attend une rémunération élevée entre en même temps pour beaucoup dans ses bons rapports avec le patron chez lequel il est employé, et elle est un juste motif de l'accroissement du bien-être et de la considération auxquels il a droit.

Par réciprocité, — l'ouvrier « estime » le patron qui « connaît », c'est-à-dire apprécie le travail. — Tout un monde de pensées fraternelles est contenu dans ces mots.

CHAPITRE XI

Trait d'union de la pensée en matière de sociologie.

J'écrivis « les considérations sur le travail » après la guerre de 1870, et, arrivée à ce point de mon œuvre, où j'allais parler « des meneurs » politiques et ouvriers, je tombai dans des exagérations, dans des sévérités à peine excusables pendant les heures de fièvre qui suivirent nos désastres. Dans la revue d'aujourd'hui, si j'élimine trente pages, pleines d'appréciations sur les hommes et les choses de ce temps, je crois devoir le confesser ici : c'est par une sorte d'abjuration de mes erreurs passées, de ma présomption juvénile.

Au reste, des crises politiques et sociales qui

ont suivi les ruines de 1870 à 1871, on pourrait sauter à pieds joints jusqu'au 1er mai 1890 sans perdre de vue les points intermédiaires entre *les temps anciens* et la grande « actualité » de cette « fin de siècle ».

En vingt ans, certains ruisseaux capricieux et isolés se sont réunis par une action voulue et raisonnée. Ils ont creusé un lit profond pour y faire converger leurs eaux puissantes.

A l'origine, par le droit de grève, des intérêts privés, particuliers, corporatifs spéciaux à un atelier, à une industrie, grâce à un *statu quo* nécessaire aux intéressés, ouvriers et patrons, se réglaient — entre soi. — A des conflits spéciaux s'appliquaient des mesures spéciales. La liberté des dissidents était complète. L'État veillait à ce qu'on n'empiétât pas sur elle.

A cette heure, la grève résulte maintes fois d'une entente générale, d'un mot d'ordre, venu on ne sait d'où ; ce fait est absolument regrettable. Le plus souvent on s'organise par régions, entre ouvriers de diverses usines et même de divers corps d'états. Une solidarité géante s'établit. Les dissidents, qui n'obéissent qu'à leur conscience et n'ont point entre eux de relations étendues au delà de leurs chantiers respectifs, perdent le bénéfice de toute solidarité à leur profit, en même temps que l'exercice de leur liberté. L'État est impuissant à faire de prime abord respecter les droits de chacun.

Si l'ère des coalitions est ouverte, si ces coalitions doivent amener de bons résultats, justes et légitimes, elles sont, il ne faut pas se le dissimuler, des armes redoutables, comme le canon aux mains des hommes.

Les questions ouvrières sont de moins en moins circonscrites ; elles prennent, par les conférences, par les manifestations, par les congrès, par les grèves, des formes de moins en moins spéciales, de plus en plus générales, bien qu'au fond, par la tendance même de l'époque, elles se puissent condenser en quelques faits représentés par ces mots :

La lutte — en bataille rangée — *du travail* contre *le capital.* Autrement dit : la lutte du *capital travail* contre *le capital argent.*

Sans tenir compte que non seulement le *capital* est du *travail accumulé,* comme l'œuvre de l'ouvrier est *du capital en formation,* mais que *le capital travaille incessamment,* de ce fait, il y a une égalité réelle entre les deux facteurs du travail, sans tenir compte que *le travail* distinct de ces deux capitaux doit en rester indépendant pour accomplir ses « fins éternelles ».

Comme on capte un cours d'eau pour le bien de l'humanité ; comme on se sert de la lumière du soleil, de l'air, de tous les agents naturels, au profit de l'humanité, comme la terre fermente pour nourrir l'humanité, — on l'oublie trop, on semble même l'ignorer, — le travail est « la force naturelle de l'humanité », et il appartient *à toute l'humanité* dans ses effets et dans ses causes. C'est par cet ordre d'idées qu'est le grand attrait *du travail*, planant au-dessus de mesquines querelles, comme le soleil se répand en chaleur, en vie, en mouvement, sans souci des frontières.

Sous les exigences « irréalisables » de l'heure actuelle se dissimulent de plus grandes prétentions inavouées et qui, prochainement peut-être, se montreront avec franchise.

La journée de huit heures, d'autres desiderata, dont la recherche est « dans l'air », s'accompliront dans la mesure du possible si, au lieu de se séparer en plusieurs camps, on se ligue dans l'unanime bonne volonté, dans l'unanime bonne foi, pour étudier en pleine liberté ce que le *siècle*, et non quelques individus, peuvent donner de justice au progrès.

Supprimant une partie de l'œuvre ancienne, il importait de faire cependant sentir que je comprenais l'action du passé sur le présent et sur l'avenir.

Sans doute, il eût été plus aisé, avec les idées nouvelles, de faire un nouveau livre à « sensation »; mais il m'a paru plus instructif et plus sage de rappeler de ce passé tout ce qui pourrait en rester pour le présent, de le montrer comme le berceau de l'avenir aux *révolutionnaires pacifiques du 1er Mai*. Qu'ils conservent, avec la juste fierté de leur initiative, le respect de ce dont ils procèdent et ne conçoivent pas l'orgueil aveugle de se croire « les créateurs » du progrès, et comme tels les propriétaires des richesses spirituelles et temporelles.

CHAPITRE XII

Arguments des meneurs pour provoquer l'émeute.

Nous sommes, disent-ils, une imperceptible minorité; cependant, sous prétexte d'améliorer une fraction de la société, nous voulons tyranniser la nation.

Que faire? Il n'y a qu'un moyen : la terreur!

Mais il faut des raisons pour la susciter, la faire naître.

Ce prétexte est toujours le même; il a traversé les siècles, et son mot de passe a été : *Bien-être, amélioration des classes laborieuses.* Toujours nous avons vu la cause du peuple méconnue quand elle avait gagné celle des ambitieux. Avec ces derniers, les fonds publics gaspillés, les impôts augmentés pour faire face aux exigences du désordre. Une population commerciale, industrielle considérable dans le chômage mourant de faim.

La faim, la triste conseillère!...

On n'achète plus, on ne vend plus. La crise est suprême... Les meneurs l'exploitent. De l'or, disent-ils, il y en a chez les riches ; avec de l'or nous aurons du pain. Du pain !... Ce n'est pas assez, vous avez fait votre part. Le pauvre peuple doit-il toujours semer pour la récolte du riche?

Voyez vos patrons ; que leur importent les grèves et les révolutions! Vos misères ne les atteignent jamais, eux ; ils rient de vous, et c'est vous qui les avez enrichis de vos mains!...

La colère aveugle saisit le peuple ; absolvez-le, il a faim ; et a-t-on fait assez pour lui, en humanité et en justice, pour rendre sa misère clémente? Non ! Alors, il donne à plein collier dans les faux raisonnements qu'on lui souffle.

Nous sommes, dit-il, le gouvernement de la vengeance populaire. Rien ne s'oppose à notre puissance. Nous sommes *le droit*, puisque nous sommes *la force*. Nous sommes *la justice*, puisque nous sommes *le droit*.

A nous la dictature!... Notre rêve est réalisé.

Nous sommes le Peuple-Roi!

Royauté courte, mais terrible!

Attirés dans l'agitation des ouvriers, des êtres asservis à l'immoralité par les conditions fatales de leur naissance, de leur vie, profitent de l'étendard du travail et sourdent, on ne sait d'où, en masses hideuses, pour combattre dans les rangs des ouvriers, dont ils déshonorent la cause. Les bas-fonds, en fétides remous, montent à la surface; c'est une écume, c'est une fange. Peut-on s'étonner que ces eaux stagnantes, visitées seulement par le vice, aient des émanations morbides? Non, cela doit être. Il faut avoir vécu dans certains quartiers pour pouvoir se rendre compte du mal que doivent faire ces légions d'inconscients sous l'influence de l'ébullition révolutionnaire.

C'est là, dans « ces cités » aux bouges infects, dans ces rues immondes, qu'on devrait amener une nuée de maçons destructeurs et reconstructeurs, et édifier *l'école avec l'enseignement obligatoire,* non seulement *en principe,* mais *en fait.* C'est là qu'il faut faire passer un large courant d'instruction, de morale, pour contre-balancer et, peu à peu, détruire l'influence d'un sang héréditaire charriant dans les veines des fils de repris de justice et autres gueux tous les dénis de justice... Jusqu'alors la société juge et guillotine. — Il faut qu'elle élève, qu'elle redresse les consciences, que la correction soit une œuvre de garantie, non de colère, et que, quand elle est obligée de sévir, elle le fasse sans oublier les fatalités de naissance et de milieu, en tenant compte de *ses vices d'organisation* qui ont permis à deux mondes distincts, le monde des honnêtes gens et le monde

10.

des coquins, de vivre côte à côte en pleine civilisation du xix° siècle!

Quand la bête fauve est déchaînée, il lui faut une
proie à dévorer, et c'est toi, pauvre peuple, que
tu dévores toi-même en égorgeant la civilisation,
repoussant les moyens d'existence honnête; et tant
que la nation dans son ensemble ne sera pas assez
éclairée pour faire justice des *meneurs*, continue-
ront ces fatals errements.

L'instinct de la démagogie ne se trompe pas;
il obtient le secours des masses ignorantes pour
satisfaire ses passions brutales; mais vous, les
millions d'ouvriers industriels, de commerçants,
qui peuplez nos grands centres, si du sein des agi-
tations, des inquiétudes, des séditions que répan-
dent les journaux iniques, les clubs furieux, les
tribunes frénétiques, on vous demande l'engin qui
doit causer votre perte, aurez-vous la faiblesse de
le livrer?

Ne connaissez-vous point encore ces masses
remuantes et remuées, ces démagogues, ces fac-
tieux?

Ne connaissez-vous point ces journalistes, parodiant, pour vous plaire, les expressions les plus
grossières d'un « argot » d'atelier, comme si vous
n'en connaissiez point d'autres!

. Défie-toi, peuple ! de tout tribun, de tout orateur qui, ayant reçu instruction et éducation, s'abaisse avec toi à un langage grossier. Compare-lui le langage de *certains ouvriers parvenus par leurs convictions réelles à obtenir le droit légal de te représenter*, et admire l'éloquence simple et digne, la persuasion qui découle de leurs lèvres, à jamais fermées à la vulgarité ! Dis-toi : celui-là est digne du peuple, qui relève le peuple par son attitude autant que par ses actes.

Mais si tu as recueilli les maximes funestes des agitateurs, soldés par quelque détrousseur de gouvernement légal ou de fous utopistes rêvant d'impossible ! si leurs paroles fielleuses se répètent dans ta pensée en échos, l'anarchie te submergera !

Nous serons de nouveau aux prises avec les fermentations intérieures ! Des pavés de Paris et des grandes villes manufacturières surgiront encore les démons de notre monde de travailleurs ; sous la conduite des archanges de l'orgueil et du mal, des légions de mercenaires marcheront à la ruine.

La peur saisira nos gouvernements réguliers. Ils seront *implacables* parce qu'ils auront *peur* ; ils avanceront contre vous, pardonnez ce paradoxe, parce qu'ils auront *peur*, parce qu'ils n'oseront reculer devant l'hydre de l'anarchie, dans la crainte d'en être dévorés.

Ils fermeront les soupapes d'échappement de la vapeur, sans penser que le foyer arrivera à un degré de chaleur qui fera tout éclater. Ils couvriront de cendres le cratère des révolutions ; mais une nouvelle éruption emportera le fragile obstacle dans ses laves ardentes. Ils auront *peur*, vous-dis-je, et vous ne connaissez pas les influences funestes *de la peur :* elle énerve, elle paralyse, elle aveugle, aussi bien et plus sûrement que *la faim.*

Au contraire, si le gouvernement que nous nous serons donné *par le vote* se sent appuyé par des hommes de bonne volonté, ils prendra confiance dans les destinées du pays et foi dans sa mission *novatrice et rénovatrice.*

Nul doute qu'il n'aborde avec conscience nos difficultés intérieures et extérieures de pacification, de travail, de paupérisme, de terrorisme même. Et ces questions vitales, il les résoudra avec l'aide du bon sens et du patriotisme, essence de la vraie démocratie.

Si les conspirateurs descendent encore dans la rue, je ne parle pas de manifestations paisibles, que ce gouvernement, fort de notre soutien, les combatte énergiquement sous le drapeau de l'ordre social et, nous le désirons vivement, sur le terrain ferme d'une constitution vraiment libérale et égalitaire.

Ainsi attaquée, ou mieux, étreinte, *circonscrite*, une émeute peut avoir un jour d'illusion derrière « les barricades », vieux mot déjà qui n'a pas été remplacé par un autre mot de conflit et de résistance pour les insurrections de nos jours, s'il s'en produisait. Mais ce jour n'aura pas de lendemain; l'ordre et la liberté triompheront. La liberté, c'est-à-dire *la force de chacun*, dont on doit compte à *tous*, que nul n'a le droit d'entraver si elle ne s'exerce pas aux dépens des autres.

CHAPITRE XIII

Les meneurs à l'œuvre.

On serait dans l'erreur si on ne distinguait des nuances caractéristiques parmi *les meneurs*. Ces nuances sont si complexes, si variées, qu'elles formeraient à elles seules toute une étude qui aurait son poids dans un travail d'ensemble sur les ouvriers. Ici, nous ne voulons qu'en signaler les types principaux, en faisant bien remarquer que nous ne confondons pas *les chefs* avec *les meneurs*.

Parmi ces hommes se trouvent quelques lettrés : le plus grand nombre est simplement dégrossi par des connaissances superficielles. Beaucoup sont à la solde des partis (ceux-là sont sans excuses). D'autres ne relèvent que d'eux-mêmes ; mais tous portent au front la marque originelle : l'orgueil. *Tous* se croient des êtres supérieurs et sont infatués d'eux-mêmes.

Ils ne peuvent en imposer à tous. Il faut être ignorant pour ne pas comprendre combien sont éphémères les connaissances puisées à des sources fantaisistes. Les romans du jour — je n'en dis pas de mal, mais un roman n'est pas tenu à l'exactitude, « c'est là son moindre défaut; » — des ouvrages politiques, lus sans le contrôle d'autres ouvrages qui éclaireraient les intéressés, qui leur permettraient de se former une opinion saine sur les hommes et sur les choses, le bagage « à l'ordre du jour » en socialisme, — si j'en parle, c'est que je l'ai *goûté tout entier*, ou à peu près, je suis loin d'en médire, il renferme d'excellentes idées, comme Fourier, Saint-Simon, tous « les pères de l'Église sociale », à commencer par le Christ; mais « cette bibliothèque spéciale », il faudrait n'en pas prendre à la lettre l'esprit sectaire ; — tout cela, c'est la cloche dont on n'entend qu'un son, qu'on fait sans cesse vibrer aux oreilles inexpérimentées du peuple, lui persuadant que c'est la note universelle, l'unique voix du progrès.

Il nous semble assister à ces concerts monotones et passionnants des turcos, que chacun a pu entendre au camp de Saint-Maur avant la rentrée des troupes d'Italie à Paris ; c'était l'enfance de l'art, « ce tam-tam » perpétuel accompagnant comme une voix sombre les accents modulés, en harmonie étrange et sauvage, en cris plaintifs et farouches, le jeu d'une informe et sale « musette ».

Plus récemment, au quai de Valmy, nous avons assisté, un vendredi soir, à la « tenue » d'une « séance » de « l'armée du salut ». Ce qui nous a le plus frappé dans « cette captation des âmes », c'est l'influence à la fois énervante et captivante du même mot, des mêmes idées, des mêmes sons.

Nous, nous voulons faire entendre l'essaim entier de toutes les cloches, sonnant à toute volée l'heure de la liberté définitive des esprits et des consciences.

Nous croyons peu à la durée de l'ascendant des meneurs sur le peuple. Le peuple éclairé n'aura plus *de meneurs*.

*
* *

Admettons, à notre époque, un type pris dans une bonne moyenne, car il nous répugnerait de sonder avec persistance les bas-fonds fangeux de la société. Rien n'est préférable à l'opinion qui se forme d'elle-même. On jugera *le meneur* à l'œuvre.

C'était en 1870, nous suivions avec intérêt deux jeunes gens, élèves des écoles d'arts et métiers. Ils étaient entrés comme simples ouvriers dans une usine de Paris pour acquérir la perfection du travail, qui ne s'obtient que par la pratique dans un milieu industriel. A la tête de leur « équipe » se trouvait un garçon n'ayant rien de

transcendant, ni en travail ni en intelligence.
C'était un monteur; il était marié; sa conduite
était régulière; il avait une belle tête.

Toutes ces choses étaient fort naturelles; ce qui
l'était moins, c'était son influence sur tout le personnel de l'atelier. Ce fut pour nos deux jeunes
gens un sujet de recherches dont voici le résumé :

Cet homme, dont nous pourrions citer le nom,
si nous ne craignions comme un sacrilège de soulever la poussière qui protège les morts contre la
curiosité des vivants, avait joué un rôle politique
dans un complot contre la personne de l'empereur,
rôle effacé du reste et qui ne l'avait compromis
qu'à point pour le rendre intéressant, pour « le
poser » aux yeux des ouvriers.

Il prêchait *les Châtiments*, *les Martyrs de la
liberté* et *Napoléon le Petit* avec une verve farou-
che, une animosité féline. Chose bizarre, il asso-
ciait dans une même haine tous les patrons et
le gouvernement de l'empereur ; tout cela était
bon à pendre ! Il avait payé tant d'impôts au gouvernement, il avait enrichi tant de patrons,
qu'avec le surcroît de soie qu'il avait gagné aux
uns et aux autres il aurait facilement tressé une
bonne corde, bien coulante, qui les eût serrés tous
dans le même nœud.

Il racontait sur un ton déclamatoire les événements tragiques, les dévouements, les trahisons

des hommes politiques ; pour lui, G... même était « douteux ». Quant à d'autres qui s'étaient si rapidement multipliés par cinq, c'était pas *du tout à la hauteur*, c'était seulement parmi les ouvriers qu'étaient *les purs, les incorruptibles*.

Son dada favori était les dangers qu'il avait courus dans le temps où il était aux prises avec la police ; et quand il l'enfourchait, on peut dire que le venin coulait par sa bouche, car il profitait de ce qui lui était personnellement arrivé pour mettre en cause la classe ouvrière tout entière, et « la fraternité marchait bon train ».

L'enfant du peuple aime les récits ; le monteur avait une mémoire étonnante : les hommes de 93 étaient ses dieux ; il n'était rien sorti de 48. On avait berné le peuple et voilà tout. Il racontait presque mot à mot la brochure du célèbre abbé Sieyès, répondant aux questions que chacun se faisait alors. « Qu'est-ce que le Tiers État ? La Nation, qu'est-elle ? Rien. Que doit-elle être ? Tout. »

Le serment du « Jeu de Paume », le discours de Mirabeau constituant pour la première fois la volonté du peuple lui étaient familiers. Il citait des pages du *Contrat social ;* Jean-Jacques était son héros. Cet esprit éloquent, paradoxal, convenait bien au monteur.

Et, qu'on y réfléchisse, dans l'autocratie irrai-sonnée du peuple, c'est Rousseau *qui nous mène.* Louis XIV était un roi moins autocrate que le peuple roi de cet écrivain. Bossuet même n'avait pas imaginé Dieu et le roi plus « absorbément » autocrates que l'autocrate du philosophe, et c'était naturel, Jean-Jacques, quoi qu'on en dise, avait bien une âme de valet. Il flairait la liberté, mais il ne la comprit jamais.

Pour que le peuple de Jean-Jacques soit digne d'être libre, qu'il apprenne d'abord à briser ses propres chaînes et à user de sa liberté sans porter préjudice à celle des autres.

Il y a des doctrines qui sont pour les peuples des ferments fatals ! Malheur à ceux qui les déposent dans le sein d'une nation !

Le monteur tenait son auditoire dans un reli-gieux silence. On eût cru quelque disciple du Christ à voir son air prophétique ; mais quand on avait pénétré ses véritables sentiments, le prestige dont il était entouré tombait comme un suaire ; il ne restait plus que la putréfaction du cadavre ; cette belle figure paraissait hideuse.

Le meneur a accompli son œuvre, il a miné le terrain industriel comme le terrain social, les grèves d'abord, les révolutions ensuite.

Le patron n'a pas voulu accorder tout à la fois une diminution d'heures du travail et une augmentation dans le salaire de la journée. En ce temps-là c'était déjà comme cela. Ces exigences étaient-elles justes? Les travailleurs avaient-ils mûri froidement le projet de ruiner l'industriel qui s'y fût prêté? Non, au contraire, ils avaient été *menés !*

S'ils avaient réfléchi, ils auraient cherché d'autres combinaisons pour améliorer leur sort sans tuer l'industrie; car de *la vitalité de l'industrie* dépend précisément la possibilité de l'accroissement du bien-être des prolétaires (1).

La concurrence est là qui pousse, qui contraint sans cesse à diminuer le prix des matières fabriquées; au fur et à mesure que le progrès, engendré par la concurrence, améliore le matériel existant, on crée de nouveaux procédés d'exploitation, des machines, des outils qui sont de meilleurs, de plus économiques agents de production.

La concurrence est la grève constante, la balance fixe de l'industrie et du commerce.

Le capital — et c'est un bien pour le consomma-

(1) Nous sommes bien loin de nier qu'il n'y ait lieu et moyen d'améliorer le sort des travailleurs. Ce que nous déplorons, et cela amèrement, ce sont ces bonds inconscients que l'on est obligé de réprimer, parce que la violence de leurs secousses porterait préjudice à d'autres intérêts non moins respectables, qu'il est du devoir des gouvernants de protéger.

teur et pour les progrès généraux — est obligé de
ne prélever sur le travail, la fabrication, les matières premières que les intérêts qui lui sont nécessaires pour se maintenir au niveau du progrès. Si
vous portez atteinte à ces intérêts essentiels, *le
capital se restreint et meurt.*

La mort, la chute ou le discrédit du capital ou
de l'industrie, ou du patron, est-ce là ce que veulent les ouvriers?

En ce cas, ils sont aveugles, et il faut chercher
les moyens de faire cesser cette cécité.

Prises isolément, les industries succomberont les
unes après les autres en France et iront se fixer
en d'autres pays où les exigences des ouvriers,
combinées avec les nécessités de la concurrence,
leur permettront de se développer (1).

Les grèves ne peuvent avoir une solution réelle
qu'en masse : il faut une grève universelle de tous
les ouvriers contre tous les patrons. Une entente
des travailleurs des quatre parties du monde...

C'est une lutte à outrance ?

Non. C'est un mauvais vent.

C'est une de ces heures fatales où l'homme

---

(1) Ce fait a déjà malheureusement un commencement
d'exécution, pour l'industrie de Paris notamment ; *mais il
ne doit pas être imputé seulement aux exigences des
ouvriers.* Il tient à des raisons *complexes* que nous laissons à élucider aux hommes compétents en cette matière.

tourne dans un cercle vicieux sans trouver une issue pour en sortir, parce que, comme dans un incendie, il est aveuglé par un danger sur lequel il ne prend pas le temps de raisonner.

. . . .

Admettons que l'*organisation internationale du travail* soit un fait accompli, que le niveau ait été passé sur les deux mondes, que l'élévation des salaires et la réduction des heures du travail soit chose entendue.

Dans cette combinaison générale, *le capital n'a rien perdu.*

Dans le temps, il y a bien longtemps de cela, l'ouvrier vivait grassement avec un denier par jour; tout était d'un bon marché fabuleux. *L'argent avait une inestimable valeur et les denrées alimentaires étaient à vil prix.*

Depuis, le progrès, marchant avec lenteur à travers les siècles, est arrivé à retourner la situation. *L'argent est tombé à vil prix,* et les objets de *nécessité première, les aliments, la vie,* — songez-y bien, — sont hors de prix maintenant.

Mais patience (1), quand le cultivateur payant tout plus cher à cause de la hausse des salaires, des machines agricoles, des outils de culture, des

______

(1) L'épicerie, les consommations de toutes sortes, les loyers, etc., sont dans le même cas.

journaliers qu'il emploie, son fermage, ses bœufs, tout enfin, s'apercevra qu'il est en arrière du progrès (1), la vie matérielle, qui a plus que doublé en quarante ans, triplera, quadruplera, au grand souci des petits rentiers, des employés, dont les rentes et les traitements n'auront point varié.

* * *

Cette expérience est indéniable, c'est celle des siècles ; les générations passent et lèguent leurs enseignements aux générations qui se succèdent ; Sachons en profiter. Ouvrons les yeux et voyons clair : un cataclysme n'est pas le progrès.

Le travail industriel, commercial, agricole, est plus rémunéré, mais la cherté de *la vie* augmente.

Après une gêne plus ou moins longue, l'équilibre se rétablirait sensiblement pour l'industrie, le commerce et l'agriculture. Mais est-ce tout ? Avons-nous le droit d'être égoïstes ?

Nous, les travailleurs de l'industrie qui nous plaignons le plus haut, qui nous mettons en grève

(1) Avant 1848, on payait les manœuvres depuis 1 fr. 25 par jour jusqu'à 1 fr. 50. Cela aux portes de Paris. Maintenant un manœuvre gagne 3 francs, 3 fr. 50 et 4 francs. Mais les dépenses ont tellement augmenté qu'il n'en est pas plus riche, et même qu'on voit moins souvent les familles ouvrières manger en réunion d'amis « le lapin sauté du dimanche » dans quelque île de la Seine.

pour gagner davantage (1), ce gain, avons-nous songé à ce qu'il coûtera à d'autres dont les appointements ou les petites rentes *ne varient pas !* Mangeront-ils du fer, des locomotives, des machines agricoles ? Moins heureux que nous, ils ont des frais de représentation, de toilette, d'appartement.

Les petits rentiers sont, le plus souvent, d'honnêtes et laborieux *travailleurs*, de petits commerçants qui, après avoir économisé toute leur vie, se retirent dans un gîte paisible et dépensent dans leur vieillesse les revenus de leur existence d'abeille ; serait-il juste de leur imposer la misère sur leurs vieux jours ?

Le plus souvent, les *pauvres employés* des administrations de l'État gagnent moins que nous, et quand nous nous jetons sur le *capital,* — sans profit réel pour nous-mêmes, — que nous faisons hausser le prix de la vie matérielle, nous ne pensons point aux travailleurs en paletot qui, grâce à l'instruction, seront de plus en plus nos *fils, nos frères !* Nous ne pensons point aux misères cachées, aux déceptions amères imposées à tant d'autres classes de la société qui ne profiteront pas de nos avantages pécuniaires et qui en supporteront les charges.

(1) Les travailleurs des champs viennent se joindre à ceux des villes, et c'est jusqu'alors sur les chantiers industriels qu'ils grossissent le chiffre des grévistes.

Quelques-uns disent : Mais la vraie question est entre le salaire et la rente, et bientôt entre le salaire et le partage ! Mon Dieu, si cela était, — je ne le crois pas, — quelques-uns perdraient beaucoup et n'en mourraient pas : ils ne s'en porteraient peut-être que mieux. Mais bien certainement *la masse ne s'enrichirait guère*, et bientôt elle serait singulièrement appauvrie ; j'ai mes idées là-dessus, j'ai peut-être tort ; mais autant j'ai confiance dans le *socialisme* — n'atteignant pas l'individualité, — autant je crains le *communisme*. Oh ! les grandes congrégations, cela me fait froid dans le dos rien que d'y penser !

Le *meneur* vous a dit : « Sus aux patrons ! » et vous n'avez rien vu au delà ; si, au lieu d'obéir à des sentiments d'animosité personnelle, il eût été votre ami, — mais alors il n'eût pas été *un meneur*, il eût été *un collaborateur*, — qu'il vous eût montré les effets de la brutalité, la désolation, l'aigreur, la ruine, vous auriez cherché ensemble les moyens d'arriver sûrement, sans de trop fortes secousses, sans crises meurtrières, à de meilleurs résultats !

Possédant votre sang-froid, vous auriez trouvé l'issue large et féconde : *l'entente des ouvriers et des patrons, l'association du capital et du travail.* Enfin, la liberté pour tous et non pas une faction voulant faire *la loi* à la société tout entière. Cela, nous ne voulons, nous ne pouvons l'admettre.

11.

Comme nous, comme tous les membres de la société, les ouvriers puiseront dans la bonne conduite, l'ordre, l'économie, une manière d'être *honorable* et le bien-être s'il se peut?

* * *

Il n'est point de riches dissipateurs qui ne voient arriver la ruine.

Les grèves et les discours n'obtiennent guère d'amélioration.

Précisons notre enseignement par l'exemple :

La mécanique est un état qui permet à l'intelligence de prendre son essor, dans lequel, si on le veut, et qu'on ait de réelles aptitudes, on peut « faire son chemin », c'est-à-dire arriver à une position honorable et lucrative.

Un ajusteur ayant du goût devient *monteur;* il se crée des relations extérieures dans ses tournées de montages de machines, d'usines. Il peut être retenu comme contremaître d'une industrie. Il peut entrer au chemin de fer, où il arrive assez rapidement à être chef de dépôt à 4,000 francs, puis à 6,000 francs par an, logé, chauffé. Il est encore bien d'autres branches bien rémunérées, auxquelles notre *monteur* eût pu s'accrocher au lieu de faire de la propagande avec une idée fausse et coupable.

On l'a deviné, ce *meneur* d'ouvrier contre les patrons, ce gréviste désordonné, a été un des promoteurs des douloureux événements de la *Commune* et une de *ses victimes*, ce qui innocente sa faute. Mais combien d'autres victimes n'a-t-il pas entraînées à sa suite?

Cependant, quelques ouvriers comme lui n'ont cherché le bien-être que dans le travail consciencieux. Ils ne se sont pas pour cela désintéressés des causes sociales, bien au contraire. Mais ils l'ont fait sans sortir de la légalité, qui est le droit de chacun.

Leurs fils, laborieux comme leurs pères, sont sortis des écoles d'arts et métiers « médaillés », ils ont eu le *prix d'atelier*. Ils ont terminé leurs études à l'*École centrale*. Les voilà *ingénieurs civils*, grâce à la bonne conduite de leur père, grâce à leur bonne conduite à eux et grâce enfin aux moyens d'instruction presque gratuite : accession aux écoles, bourses, etc., moyens dont peuvent disposer les fils d'ouvriers et tous ceux que leur position apparente ne classe pas parmi les riches et les notables en France.

Dans dix ou quinze ans, quand à la tête d'une administration de chemin de fer, dans une grande compagnie, vous vous trouverez en rapport avec un ingénieur distingué, travailleur infatigable, ardent et pratique améliorateur de la classe ouvrière,

dont il sort, dont il connaît les besoins, dites-vous :
— Si le père, que j'ai bien connu chez M. B...
comme *ajusteur*, au chemin de fer comme monteur,
eût suivi l'exemple de Ch..., qu'il eût manié incon-
sidérément la parole au lieu de la lime et du burin,
il serait, comme lui, mort en exil, ou végéterait
tristement dans un poste subalterne, au lieu d'être
chef de dépôt depuis trente ans dans une grande
ville de l'Ouest. Ses fils, pleins de haine contre la
société, seraient de jeunes louveteaux attendant
avec impatience l'heure où ils pourront mordre et
déchirer cette société à laquelle ils imputeraient
comme un crime le châtiment de leur père, leur
ignorance et leur misère (1).

Le plus souvent, heur ou malheur, nous sommes
les arbitres de notre destinée, nous la tenons entre
nos mains, et quand nous ne prospérons pas, c'est
que nous n'avons pas su saisir le sens droit, pratique, progressif de la vie.

Déchirons tout cet arriérage de mots, de phrases,
de théories, brandons de discorde qui embrasent la
société.

Dieu ne veut pas anéantir ce qu'il a créé, c'est
lui qui met au cœur des hommes de bonne volonté
cette passion forte, souveraine, irrésistible de

____

(1) Soyons justes ; cette haine, si elle n'est pas raisonnable,
est naturelle, et nous devons tout faire pour la désarmer

faire *le bien*, de partager les peines d'autrui, de les alléger, mais, surtout, d'éclairer les consciences pour que nous ne fassions pas sombrer l'équipage social.

Il est très évident que, dans l'ordre philosophique où nous nous plaçons, chacun, selon ses principes ou ses croyances, peut dénommer *Dieu* avec le terme qui correspond à son état d'être, sans changer notre pensée.

CHAPITRE XIV

Du logement.

Nous avons cherché à le démontrer, l'instruction et l'éducation doivent être les bases nouvelles sur lesquelles repose le bien-être physique et moral de l'ouvrier.

En effet, l'instruction, l'éducation ouvrant aux intelligences un horizon nouveau, ce n'est plus dans les révolutions que les travailleurs placent des espérances si souvent déçues, c'est dans la possession légitime due au travail, l'hygiène, l'ordre, l'économie, que gisent pour eux, comme pour tout le monde, et les plus riches, les principaux agents du bien-être. Un esprit éclairé le reconnaît de suite et devient le seul gérant de ses véritables intérêts. — Cela est d'une grande importance.

La protection, si bienveillante soit-elle, est regrettable sous bien des rapports ; elle inflige au protégé quelque chose du mineur, la dignité de l'homme en souffre. Il est à désirer que l'heure de l'émancipation sonne pour tous.

L'émancipation, c'est-à-dire la dignité calme et sereine qui amène la possession de soi, et non l'esprit de sécheresse et de révolte dont est infesté, trop souvent, le désir encore mal défini, mal équilibré, d'une *autonomie* mal comprise.

L'émancipation !... Ils sont à nos portes, et ils sont loin déjà, les siècles de servage matériel où l'*être* appartenait, corps et honneur, à un autre *être*, parce que le hasard avait fait naître l'un dans une infime condition et l'autre parmi les privilégiés.

Aujourd'hui, plus de privilèges. Le niveau de la justice a passé sur ces erreurs; les hautes cimes ont été découronnées, et les taillis, étouffant sous leur ombre, sont devenus des arbres. Ce n'est donc pas d'une émancipation de droit qu'il peut être question : *En droit*, nous sommes tous libres, nous sommes tous égaux. Mais nous sommes encore serfs de nos instincts. Nous sommes encore esclaves de nos habitudes, de nos passions et, pour tout résumer, de notre ignorance ! C'est là le dernier repaire du servage à notre époque ; faisons que la génération future en soit affranchie.

La possession de soi et l'acquisition du plus grand nombre possible d'objets nécessaires au bien-être doivent être les bases fondamentales de l'éducation populaire, comme c'est l'aspiration naturelle et logique des travailleurs sérieux.

Non seulement on doit vivre, il faut faire face aux exigences de la vie, mais on doit chercher à *acquérir*, à progresser dans le bien-être, à l'*assurer* à ses enfants; c'est aux moyens d'arriver à ces résultats que doivent tendre les efforts des intéressés, et la vulgarisation de ces moyens est l'indispensable condition de leur réussite.

Cette vulgarisation trouve naturellement sa place *aux écoles*. Qu'on veuille bien y réfléchir, c'est dès l'âge le plus tendre que les principes sociaux comme tous les grands principes de morale et de vertu doivent être inculqués à l'enfant ou, tout au moins, à l'adolescent; car, alors, la nature humaine est dans un état d'absorption qui fait qu'elle s'incorpore pour ainsi dire les éléments divers de nutrition intellectuelle mis à sa disposition; c'est la plante qui aspire par tous les pores la rosée bienfaisante descendue du ciel.

Dans les écoles primaires, un cours de chimie pratique et de médecine élémentaire serait non moins utile que la musique et le dessin qu'on y enseigne déjà. Ces cours mettraient *l'ouvrier et l'ouvrière* à même d'apprécier l'influence de l'hygiène sur le physique et sur le moral. En outre, dans les *classes d'adultes*, par exemple, on devrait traiter des questions d'économie politique et créer des cours spéciaux *d'économie pratique sur les besoins et les ressources* du peuple ; montrer ce qui est fait en vue de lui être utile : sociétés coopératives ; ces sociétés donnent d'excellents résultats comme produits de fabrication ; elles sont cause d'une heureuse initiative chez les ouvriers et d'une amélioration dans leur bien-être. Parmi d'autres associations dites de participation aux bénéfices, citons des types déjà anciens, qui se sont multipliés, mais qu'il faut souhaiter de voir se répandre de plus en plus, car c'est sur ce terrain de récentes promesses d'avenir que devra se cimenter *l'accord définitif des patrons et des ouvriers*, en même temps que la *prospérité réelle* des uns et des autres.

Nous parlions, en 1873, de l'entreprise de peinture, dorure, tenture, vitrerie et miroiterie de la maison Leclaire et Defournaux, fondée en 1842, dans un esprit d'admirable philanthropie pratique, et qui, étant en pleine voie de prospérité, prouve clairement que là où est l'intérêt de l'ouvrier peut et doit être l'intérêt du patron. C'est, du reste, à titre de patron que nous professons cette opinion formelle.

Aujourd'hui citons le familistère de Guise, créé par M. Godin, œuvre, on peut le dire, gigantesque ; enfin, d'autres œuvres ont fait *l'expérience* con-

cluante de la participation aux bénéfices entre ouvriers et patrons.

Nous rendons d'autant plus justice aux applications citées qu'elles sont dues *à de simples ouvriers* qui, des dures *nécessités* de leur début dans la vie, se sont élevés graduellement — avec mille peines — jusqu'à s'entourer d'un monde de collaborateurs, d'intéressés, d'associés qui sont arrivés à établir *la participation aux bénéfices entre patrons* et ouvriers, ce qui, je le déclare, constitue, en fait *de travail*, l'œuvre de justice par excellence.

Les sociétés de secours mutuels, fraternelles institutions pour le présent, caisses d'atelier, — œuvres excellentes dans un cercle spécial, — caisses de prévoyance, de retraites, toutes choses qui ne doivent rien à personne, grandissent la dignité de l'ouvrier qui, personnellement ou en société, se suffit à lui-même jusqu'aux plus extrêmes limites de la vie.

Nous ne faisons que mentionner pour mémoire ou mieux comme un jalon planté pour un avenir si prochain qu'il touche au présent, ce qui s'est fait et ce qui se fera par *rapport aux accidents du travail*.

Enfin les cités ouvrières, dont les logements sont à la fois salubres et à bon marché, sont aussi de bonnes créations pour la classe laborieuse. Cependant elles ont, selon nous, le tort d'isoler le

travailleur des autres membres de la société
parmi lesquels il doit vivre pour rester en communion d'idées, de sentiments. Il est donc regrettable que la cherté excessive des loyers dans les
villes fasse rechercher ce genre d'habitation. Il
faut espérer qu'on arrivera à abaisser le prix des
loyers pour les petites bourses, de *vingt-cinq* à
trente pour cent qu'ils prélèvent actuellement sur
le gain de l'ouvrier, à *dix* ou *douze pour cent*,
taux raisonnable, en vue des autres nécessités
auxquelles il faut aussi faire la part.

* * *

Ce n'est pas sans de sérieux motifs que nous
désirons voir côte à côte, dans les villes, le riche
oisif, l'ouvrier laborieux, le rentier peureux, l'employé exact.

Nous repoussons non seulement les préjugés
de castes, de naissance, de fortune, mais aussi
ceux d'emplois divers, *de spécialités* plus ou moins
étroites.

Nous sommes convaincu que cette proximité
des êtres humains dans des états sociaux divers
leur permettrait de mieux se connaître, de mieux
s'apprécier, et amènerait des sentiments d'estime
et de concorde qui font, hélas! encore trop souvent défaut.

Nous *confessons* avoir entendu dire par des gens bien élevés et fort honorables, qui s'étaient fortuitement trouvés en rapport avec des ouvriers :

— Mais nous ne supposions pas qu'il y eût tant de délicatesse, d'honneur, de probité chez le prolétaire !

En manifestant naïvement leur *surprise*, il sem-blait qu'ils revinssent d'une expédition au *pôle nord*, tant était grande leur persuasion qu'ils venaient de faire une découverte dont nul ne s'était avisé.

Réciproquement un ouvrier en contact avec un homme « du monde », d'une bonne éducation, est étonné de sa politesse, de son urbanité, tout à la fois bienveillante et retenue. Il le trouve plus simple que tel meneur, se croyant un oracle parce qu'il débite des phrases, et il lui devient sympathique grâce aux quelques bonnes pensées qu'ils ont pu échanger.

L'éducation populaire ne remplirait pas son but si, tout en nous enseignant le passé et le présent, elle ne s'étayait des connaissances qui sont acquises pour nous conduire à de nouvelles connaissances, à de nouvelles acquisitions. Elle doit surtout nous inspirer l'initiative, pour qu'à notre tour nous dotions l'avenir de nouveaux bien-faits.

Nous voyons le peuple des campagnes, le cultivateur, *le propriétaire* enfin, plus heureux, plus
paisible que nous. Si la possession, *l'appropriation*
telle que nous l'avons définie plus haut au chapitre *des conditions du salaire et du travail* sont
des causes de bien-être, de stabilité, — nous n'entendons pas de stagnation, — appliquons-nous,
par des efforts persévérants d'ordre, d'économie, à
devenir possesseur de titres de rente, de livrets
de caisse d'épargne, etc.

La première somme seule coûte à acquérir.
Réunissons-nous plusieurs pour faire construire
ou acheter des immeubles. Une fois propriétaires,
nous résisterons avec énergie aux entraînements
des mauvais jours et nous rêverons aux progrès
sociaux, même quand, au premier abord, ils sem-
bleraient nous dépouiller, comme dans *l'expropriation* par exemple.

Si, dans un esprit d'indépendance, nous pous-
sons les ouvriers à l'initiative pour les améliorations
à apporter aux locations ou aux propriétés, nous
ne méconnaissons pas ce que des sociétés de ca-
pitalistes, des gouvernements, des industries, ont
fait dans ce sens pour les logis à bon marché. —
Nous n'ignorons pas les efforts des conseils muni-

cipaux des villes, des sociétés d'hygiène, etc., etc.,
dont c'est un des premiers devoirs de faire respecter *la vie des citoyens*, en ne permettant pas
à la spéculation de mesurer trop parcimonieu-
sement l'air et la lumière, en ne lui permettant
pas de mettre elle-même dans la maison « le
foyer délétère de toutes les infections ». Ceci dit,
prenons un exemple d'un progrès déjà ancien auquel se sont adjoints d'autres progrès.

Sous l'Empire, la société *des petits propriétaires* s'était formée dans le but de mettre à la disposition des ouvriers des logements salubres à des
prix modérés. — C'était aussi pour réagir contre les
propriétaires dénaturés qui osaient afficher la pré-
tention de ne recevoir dans leurs immeubles ni
chiens, ni bêtes d'aucune sorte, *ni enfants*. — Par
une faveur spéciale on pouvait même devenir propriétaire du logement qu'on occupait, estimé valeur de *deux mille huit cents francs*, par la combinaison que voici :

Versement de quatorze cents francs à la passation des actes, sur lesquels « le Prince Impérial »
prêtait cinq cents francs. Le reste pouvait être
avancé par le Crédit Foncier, que l'immeuble couvrait. Le remboursement se percevait en annuités.

Sacrifiant moins annuellement qu'il ne le faisait
comme simple locataire, l'ouvrier, le petit employé,
pouvaient devenir propriétaires d'un logement

convenable. Les faits parlent haut ; ce qui s'est produit sous une influence peut se reproduire sous une autre influence et même sous une autre forme.

Nous l'avons dit précédemment, nous ne cesserons de manifester nos sympathies pour les œuvres d'initiative essentiellement ouvrières, soit comme ensemble de société, soit comme inspiration privée, car nous redoutons la pression, qui, sous quelque aspect qu'elle se présente, est une atteinte à la liberté. — Quel est le détenteur d'un prêt impérial qui ne se croie l'obligé de l'Empire ? — C'est plus qu'un lien, c'est une chaîne !

Assainir une capitale comme Paris, donner de l'air aux faubourgs, créer des squares charmants, jeter à bas des nids de hiboux, noirs, crevassés, branlants, qui menaçaient les promeneurs de leurs ruines, mettre à leur place de grandes et larges avenues, c'est fort beau, — c'est utile ; — mais le faire trop rapidement est *une faute.*

La spéculation s'implante en maîtresse ; elle enfle la valeur réelle des choses, et les affaires se basent sur des taux exorbitants, le plus souvent fictifs. C'est à quoi nous avons assisté pour des terrains expropriés, et dans tel quartier où ils se vendaient *honnêtement* 50 francs le mètre, où il était *encore* possible de construire pour des bourses modestes, on a cru rêver d'entendre les faiseurs d'affaires les offrir à 500 francs. Maintenant, bâtissez des logements pour les ouvriers ! — C'est impossible ! Donc, c'est immoral !

Vous ne pouvez élever que des hôtels somptueux, n'aménager que des appartements magnifiques, sur ces terrains surfaits.

Dans le premier moment de désarroi, le travailleur cherche en vain à s'abriter ; il murmure. Il reflue dans ce qui reste de *logements insalubres*, se disant qu'on a voulu d'abord *l'exclure de Paris*, et, ensuite, s'il y revenait un jour de vengeance populaire, « le balayer, » grâce aux mitrailleuses, dans ces grandes avenues *stratégiques* où, autrefois, il habitait paisible, entouré de sa famille.

L'ouvrier n'a pas toujours le temps, comme un grand nombre d'employés, de journaliers, d'une infinité de personnes, de se rendre chaque matin de la banlieue à Paris et de rentrer chaque soir pour le repas de famille. Pour les uns, c'est impossible, parce qu'il faut d'une façon absolue être à proximité du travail, parfois sur les lieux mêmes où il s'exerce. Pour d'autres, la fatigue, la dépense, la perte de temps, annuleraient l'économie du loyer. Il faut vivre au milieu de la tourmente, en subir les conséquences, souffrir de la misère et de la faim au milieu de cette ville splendide. Sans doute, quelques privilégiés peuvent profiter et profitent *des trains d'ouvriers* qui les transportent matin et soir à prix réduits d'une extrémité à l'autre de Paris par le chemin de fer de ceinture, — il s'en fera d'autres. — Sans doute *les tramways* suivront cet exemple; mais le plus grand nombre est condamné à subir la rapacité de certains propriétaires ou de se *terrer dans quelque bouge* non encore démoli. — Ces faits provoquent des découragements qui vont parfois jusqu'au dégoût de la vie et, selon les natures, des haines implacables qui s'assouvissent dans les révolutions.

Il ne faut pas perdre de vue que *l'état social* remplace *l'état de liberté*, et qu'en acceptant des devoirs sociaux les individus ont donné mission « à l'État » de faire *respecter leurs droits*, mieux encore qu'ils n'eussent été capables de le faire *individuellement* dans *l'état de liberté*.

Or, que se passe-t-il pour le logement du travailleur ! Un fait antisocial.

A notre époque, avons-nous dit plus haut, le loyer prélève 25 ou 30 pour 100 sur le salaire. C'est beaucoup trop.

On peut admettre comme très bon ouvrier, laborieux, exact, l'homme travaillant 300 jours par année. Mettons ses journées à 4 francs, soit 1,200 francs par année. S'il a plusieurs enfants, ce n'est pas trop d'un loyer de 3 à 400 francs. Il lui reste 8 à 900 francs sur lesquels il lui faudra se nourrir, se vêtir, se chauffer, s'éclairer ! — Au delà de 10 à 12 pour 100 que devrait coûter le loyer, nous ne pensons pas que la morale publique soit sauve. — Elle est responsable de l'élévation, de l'exagération des loyers.

Soit que l'homme probe, esclave de ses engagements, se loge, lui et sa famille, dans un ignoble et malsain taudis, où ses enfants en bas âge végètent et contractent des maladies incurables, scrofules, fièvres pernicieuses, qui les minent lentement, enfin le germe fatal de la phtisie qui enlèvera l'adolescent, alors qu'on espérait le voir aider, de son labeur d'ouvrier ayant un état bien rémunéré, un père vieux avant l'âge et courbé sous le poids excessif d'un travail de manœuvre, insuffisant à amener le bien-être au logis.

Soit que *le désabusé de l'honneur* se loge à sa convenance, avec la ferme volonté de ne pas payer un terme et de déménager « à la cloche de bois ». — Ce type est souvent ignoble ; il n'est pas rare de le voir spéculer sur l'honneur de sa femme, de sa fille ; mais, avant d'en arriver là, il a passé plusieurs fois par le quart d'heure du terme et senti le froid de cette épée de Damoclès : Acquittez votre dette, ou, faute de quittance en ordre, on vous signifiera votre congé.

Ce n'est pas tout : pour s'indemniser, le propriétaire gardera les meubles ; vous n'emporterez qu'un grabat, et, voyant le peu qui vous reste, vous vendez cette bribe, et vous entrez dans « un garni » à peu près convenable, où vous payez au moins un tiers plus cher que dans le logement meublé par vous.

Là, comme ailleurs, il faut le remarquer, tout se tient, tout se lie. Ceux qui possèdent le moins payent le plus. Par insuffisance de ressources, on tombe dans les garnis mal tenus : aux logements au mois, à ceux à huit jours, à la nuit. C'est, comme nous l'avons vu bien souvent, de la misère aller au vice par la pente rapide du découragement.

Qu'on y songe! La *spéculation* a produit un cours forcé, semblable à une hausse d'écluse. Que les spéculateurs sombrent dans leurs navires de pacotille, les écluses s'ouvriront d'elles-mêmes, les eaux reprendront un niveau normal, l'équilibre se rétablira, et chaque oiseau de bon aloi trouvera un nid pour abriter sa couvée.

C'était comme palliatif des inconvénients de cette pénurie de locaux à bon marché que Napoléon III, nous devons le constater, avait eu la pensée de créer près du Champ-de-Mars des habitations modestes pour les travailleurs. Deux choses péchaient dans cette entreprise : l'une, qui eût pu la transformer en œuvre philanthropique si la pensée eût été bien comprise, c'est que l'ouvrier pût devenir propriétaire de son local; l'autre, que ces bâtiments étaient trop éloignés des fournisseurs de tous genres, ce qui rendait la vie coûteuse et difficile; dès lors des locataires purs et simples n'avaient pas d'intérêt à y demeurer.

L'isolement des habitations réservées aux ouvriers, quand ils ne les ont pas eux-mêmes fait construire, produira toujours un mauvais effet à Paris, la ville frondeuse.

* * *

Dans les villes industrielles ou manufacturières de province, la question d'habitation, tout en conservant son importance, ne présente pas les mêmes difficultés que dans la capitale. Il y a plus d'air, plus d'espace, et en même temps l'ouvrier est plus à portée de son travail. Les sociétés d'hygiène fonctionnent... Il faut bien l'avouer, comme à Paris, elles se trouvent aux prises avec des intérêts contradictoires, on craint de déplacer les électeurs. On est bien embarrassé!.. En ma qualité de femme, n'ayant rien à faire avec le scrutin, je dénonce d'une façon formelle non seulement *de vieux nids de chouette* — tout à fait en dehors des règlements, — *mais de récentes constructions non moins abominables que leurs devancières,* — non moins abominables et *meurtrières.* — Il faut être dame de charité, dans certains quartiers, pour comprendre toute la hideur pestilencielle « des logements insalubres » en plein xix⁰ siècle. Ceci dit pour des cas particuliers, convenons qu'en général il semble qu'on ait plus fait et mieux réussi en province pour les logements ouvriers, au double point de vue de l'hygiène et de la moralité.

Entre autres, nous voyons avec plaisir les résultats obtenus par les administrations des cités de Mulhouse. On doit les féliciter de ce qu'ils ont entrepris et mené à bonne fin, en retirant un grand nombre d'ouvriers d'habitations malsaines où ils subissaient de fréquentes maladies et l'influence mauvaise de la malpropreté. La propreté d'une maison non seulement agit sur la santé de ceux qui l'habitent, mais sur leurs mœurs, sur leur éducation; tel homme qui fuit un infect foyer domestique et passe ses loisirs au cabaret est heureux de concourir à l'embellissement d'un logis propre, égayé par l'air, la lumière et le soleil.

Étant plus en contact avec sa famille, il perd ses mauvaises habitudes, se moralise, se livre à l'éducation de ses enfants, à la culture de son jardin. Ce sont là des loisirs honnêtes de l'homme et non la perte de temps, d'argent, de santé, du malheureux qui se désintéresse de son intérieur.

Pour donner une idée à peu près exacte des cités ouvrières de Mulhouse, voici ce qu'en disait

l'architecte M. Émile Müller, professeur à l'École
centrale des arts et manufactures et zélateur des
idées de progrès pratiques et moraux pour les ouvriers, dans les cours où se forment les jeunes
ingénieurs qui, plus tard, seront à leur tête dans
les mines, dans les manufactures, sur les chantiers de l'État ou de l'industrie privée.

« Les premières maisons des cités ouvrières de
« Mulhouse furent construites en 1854; il en a été
« bâti successivement huit cents jusqu'à la fin
« de 1866. Depuis plusieurs années, toutes les
« maisons sont construites par groupes de quatre,
« sur deux modèles différents; les unes à rez-de-
« chaussée et à étage, les autres à rez-de-chaussée
« seulement. Elles ont une cave sous toute la sur-
« face de la maison et un grenier; elles sont en-
« tourées d'un jardin. Chaque maison à étage a
« une grande chambre au rez-de-chaussée, qui
« peut au besoin être divisée en deux, une cuisine,
« et deux chambres à l'étage; celles à rez-de-
« chaussée ont deux chambres; une troisième
« chambre peut être placée dans la mansarde. La
« place occupée par chaque maison et le jardin est
« de 110 mètres environ; une jolie clôture entoure
« le jardin. Par suite de la hausse de tous les ma-
« tériaux de construction, il a fallu élever succes-
« sivement le prix des maisons; celui des maisons
« à rez-de-chaussée est aujourd'hui de 2,450 francs;

« celui des maisons à étage est de 3,400 et au-
« dessus. Une grande partie des maisons ont pu
« être construites et vendues à plus bas prix; elles
« sont vendues à quinze années de terme.

« Sur les huit cents maisons construites jus-
« qu'ici, il y en avait sept cents de vendues au
« 31 mars 1865.

« Les payements se font avec beaucoup d'exac-
« titude, et souvent les acquéreurs anticipent sur
« les termes qui sont accordés. La société consent
« à reprendre les maisons lorsque, par des cir-
« constances particulières, l'acquéreur n'est pas
« à même de continuer les payements; elle ne
« porte, dans ce cas, en compte à l'acheteur que
« le loyer habituel qu'elle fait payer pour les mai-
« sons non vendues. Jusqu'ici aucune expropriation
« n'a été faite; on s'est toujours arrangé à l'a-
« miable quand l'acheteur n'a pu garder sa maison.
« Sur le nombre de six cent quarante-cinq mai-
« sons vendues jusqu'au 30 juin 1866, deux cents
« étaient déjà entièrement soldées.

« Une somme aussi considérable économisée
« par les ouvriers en si peu de temps est un ré-
« sultat bien précieux. La société compte pouvoir
« continuer à construire cinquante ou soixante
« maisons chaque année; tous les ouvriers de
« Mulhouse, voyant l'avantage qui résulte pour
« eux de posséder une jolie petite maison bien

« saine, parfaitement construite, et un petit jardin
« où les légumes nécessaires à la famille, des
« arbres fruitiers et des fleurs peuvent être cul-
« tivés, veulent aujourd'hui devenir proprié-
« taires. »

Hélas! la cité de Mulhouse, si elle est toujours
française de cœur, n'appartient plus à la France.

Rien n'est concluant comme l'expérience acquise
par d'autres; on ne craint plus les inconvénients
si nombreux qui s'attachent aux choses nouvelles :
on va sûrement d'une amélioration vers une
autre amélioration. Si les industriels, qui doivent
nécessairement prélever sur leur entreprise des
bénéfices qui compensent le prix de leur temps,
de leur responsabilité, de leurs études, de leur
initiative, et qui tiennent compte de l'intérêt des
capitaux engagés, offrent déjà, par des constructions spéciales, par des combinaisons nouvelles,
pour devenir propriétaire, un si grand appât aux
ouvriers sérieux, que serait-ce si, pour obvier à la
cherté des loyers, à la malpropreté des logements
à bas prix, les ouvriers des villes, ceux, par
exemple, d'une société de secours mutuels, se
réunissaient pour former un capital affecté à des
constructions bien entendues au point de vue de
l'hygiène, de leurs besoins, de leurs goûts, et qu'ils
en devinssent acquéreurs en raison de leurs ver-
sements?

Nous sommes convaincu que cette extension de la mutualité serait une bonne chose, qu'elle permettrait de réaliser une notable économie sur les entreprises particulières et serait, sous tous les rapports, un accroissement du bien-être physique et moral des travailleurs, une affirmation de plus de la puissance bienfaisante de la mutualité.

Cependant j'ai vu échouer une tentative de ce genre parce que, à l'origine, on n'avait pas prévu le cas où *un engorgement de capitaux* pourrait se produire dans *la caisse sociale* et, par conséquent, où il n'était pas dit, dans les statuts, l'usage qu'on ferait de ce surcroît.

Devant « cette richesse » dont on me parla, je conseillai la construction d'un immeuble, et les intéressés « prirent feu à cette idée ». On fit le projet, des délégués allèrent le soumettre à la préfecture ; on leur répondit qu'on ne pouvait autoriser rien de nouveau, apporter aucune addition à *la lettre* des statuts. « La lettre tue et l'esprit vivifie. »

Pour en revenir aux constructions ouvrières, on a bien souvent constaté que l'idée première des grandes cités homogènes, bien que réalisant de sérieuses économies dans le prix des constructions et pour le terrain, avait, devant la pratique, fait place peu à peu aux groupes de deux, quatre, six maisons, facilitant le chez-soi, évitant le « canca-

nage » et surtout une sorte de claustration infligée à tous les grands établissements de ce genre.
Mais, enfin, il faut agir.

Combien d'ouvriers qui ont appauvri leurs
forces, perdu la santé en habitant des taudis infects, humides, auraient pu échapper aux infir-
mités précoces sans rien dépenser de plus dans
un habitat convenable, s'ils avaient su quels
trésors de santé, de moralité, de bonheur renferme
l'hygiène, nous devons ajouter : *l'épargne*. Les
sommes qu'ils ont inutilement versées, sans profit
pour leur bien-être présent et futur; les pertes de
temps, les achats, qui sont les conséquences rui-
neuses des maladies, auraient, le plus souvent, pu
être évitées; ils auraient pu capitaliser petit à petit
un revenu pour la vieillesse. Ce mauvais état de
choses prouve clairement que l'instruction et l'éducation de la classe laborieuse laissent encore beaucoup à désirer.

CHAPITRE XV

Du vêtement.

Ce n'est pas seulement dans la façon de se loger que s'appliquent les préceptes d'hygiène, de propreté, d'ordre, d'économie, rangés par nous dans les enseignements de *l'économie populaire*. La propreté du corps, la manière de se vêtir, le choix des étoffes à employer, les formes qu'il est sage de préférer à d'autres, sont aussi des choses importantes, et elles entrent dans l'entente, le savoir-faire qu'il faut souhaiter voir se répandre pour que, parallèlement, s'accroisse le bien-être matériel et moral du travailleur.

Les prolétaires qui restent dans une coupable insouciance à l'égard de ces questions peuvent, en quelque sorte, être rendus responsables envers la société, comme ils sont responsables envers leur famille et eux-mêmes, des maux, des misères, des désordres occasionnés par leur incurie.

A aucune époque, le bon marché des tissus n'a permis de confectionner des vêtements à meilleur compte et n'a autant favorisé les travailleurs pour leurs habillements. Ce qui était à la portée des riches est accessible à tous, grâce à l'accroissement rapide apporté à l'industrie des tissus, soit par l'introduction de nouveaux procédés de fabrication, la multiplicité des moteurs à vapeur, soit par suite de la baisse de prix qu'ont subie les matières premières, soit enfin par la lutte de concurrence entre les nations. Toutes ces causes permettent d'offrir un choix considérable d'étoffes dans lequel chacun peut s'approprier des vêtements de bonne qualité et de bon goût, selon la somme qu'il veut ou peut y mettre.

* * *

Doit-on conseiller aux travailleurs les tissus de fantaisie dont l'extrême bon marché fait accepter la qualité inférieure? Nous ne le pensons pas, et sous aucun rapport. Il en est des tissus comme des livres: il vaut mieux attendre et se donner quelque chose de bon et de durable, que de gaspiller par petites sommes, dans des acquisitions sans valeur, le prix d'un inusable vêtement qui jusqu'à la fin fera honneur et profit.

La femme économe ne paye pas de façons, de fournitures, pour des robes ne devant durer qu'une saison. Elle fuit le clinquant et craint la hotte du chiffonnier. — Ce n'est pas elle qui l'enrichit.

Elle veut pouvoir se parer longtemps du vêtement qui lui rappelle de doux souvenirs, et le labeur qui l'a conquis peu à peu. Ce vêtement doit pouvoir se nettoyer, se retourner et, quand il aura servi à la mère, faire encore de bonnes choses aux enfants.

L'achat des vêtements est une affaire grave pour une vraie ménagère; elle y réfléchit longtemps d'avance, elle ne cède pas aux caprices de la mode, elle calcule ce qui durera le plus, ce qui sera le plus chaud, le plus sain, ce qui supportera le mieux les lavages, et quand elle a tout combiné elle est contente, et elle a raison. — L'honnête femme a résolu avec l'aide du simple bon sens une des grandes questions du bien-être et de l'hygiène par le bon emploi de l'argent dans un des besoins primordiaux de l'humanité: « le vêtement. »

CHAPITRE XVI

De l'alimentation.

Le Christ multiplia des pains pour rassasier la multitude qui le suivait depuis plusieurs jours afin d'entendre ses enseignements et de s'en nourrir. Le Dieu philosophe de l'Évangile n'a nullement voulu prêcher la privation des besoins matériels inhérents à la nature humaine. Aux noces de Cana on le voit même changer l'eau en vin pour augmenter le plaisir du festin. Il fait appel à la vie intellectuelle de l'homme, et dans sa pensée on retrouve encore la nécessité d'établir un équilibre constant entre le corps et l'âme pour arriver à l'harmonie de l'être. — L'homme ne vit pas *seulement* de pain, mais de toute parole de Dieu. — Ce n'est pas une exclusion de la vie physique; « le Maître » voulait professer la solidarité des facultés et le devoir de les respecter, de les maintenir, afin que la nature humaine ne déviât pas de sa voie par le penchant exagéré vers la matière, et qu'on obtînt le meilleur résultat possible en élevant avec la même sollicitude les forces dont nous sommes doués jusqu'à une perfection presque divine.

Les admirables enseignements « du Maître », quand on les étudie dans leur sens pratique, sont la grande révélation des lois naturelles.

** * **

La vie physique doit tenir sa place dans une sage administration intérieure, et les écoles qui déversent sur le peuple les trésors de l'instruction accumulée depuis des siècles pour les privilégiés ne doivent pas dédaigner, aux larges et féconds points de vue de la chimie, de l'hygiène et même d'une éducation complète, de faire entrer dans leurs cours des notions spéciales sur l'influence de l'alimentation dans le bien-être physique et moral de l'homme.

Autant les excès dans le « boire et le manger » sont nuisibles à la santé, *à la vie*, autant les privations déprécient et appauvrissent les facultés vitales des êtres qui y sont soumis. Il faut être sobre, mais de cette *sobriété consciente* qui fait adopter ou repousser certains aliments, parce qu'ils sont favorables ou contraires dans le climat où l'on vit, et enfin parce qu'ils s'assimilent bien ou mal à l'organisme particulier, au tempérament de celui qui en fait choix.

L'habitant des villes, en général, manque d'un air salubre, contenant, en quantité suffisante, les principes généreux de la vitalité. Il n'a pas l'exercice au grand air « qui ferait digérer des cailloux ». Il est obligé d'emprunter ces principes à la chimie animale. — La viande, le poisson, les farineux, doivent être le fond de sa nourriture. L'usage des boissons fermentées, alcoolisées, le vin, la bière, le cidre, etc., etc., sont d'une urgence démontrée. A la ville, les forces sont sans cesse battues en brèche non seulement par de pernicieuses influences atmosphériques, mais par un travail souvent extrême que ne connaît pas le campagnard. Celui-ci trouve dans l'air pur qu'il respire à pleins poumons un auxiliaire puissant de l'alimentation : aucun apéritif ne peut lui être comparé. La viande de porc, les végétaux, les fruits, suffisent généralement pour entretenir les forces atteintes par le labeur champêtre. Cependant la viande de boucherie est plus recherchée au village qu'elle ne l'était autrefois, et nous sommes bien loin de combattre cette tendance nouvelle, car il serait facile de démontrer que certains aliments, qui de prime abord semblent moins coûteux que la viande, les légumes, le pain, par exemple, doivent être absorbés en volume beaucoup plus considérable qu'elle pour réaliser dans la nutrition les mêmes résultats fortifiants et réparateurs, d'où il suit que cette économie est jusqu'à un certain point fictive.

Il nous semble qu'on devrait s'occuper de l'agriculture au point de vue de l'élevage du bétail, qui, en France, n'est pas assez considérable. Nous avons vu dans un bourg de la Haute-Marne, au cours d'une seule année, quatorze fermiers « mettre bas leurs trains de culture », autrement dit, abandonner la culture; dans *la merveilleuse* vallée de *la Meuse*, autrefois renommée, à juste titre, pour « ses élèves », l'herbe non fauchée pourrissait sur pied... Que de fumures perdues! Que de viandes fraîches savoureuses ou reconstituantes, perdues, qui n'eussent pas eu besoin d'être conservées dans des appareils réfrigérants pour apparaître dans nos boucheries... Nous ne faisons que noter en passant ce fait très regrettable et nous revenons au sujet principal de nos préoccupations : l'amélioration du bien-être du prolétaire.

Nous disions que le genre de travail auquel se livre l'ouvrier, l'air qu'il respire, le climat où il se meut, sont autant de sujets d'études qui doivent entrer dans l'analyse de ses besoins, pour qu'on lui donne satisfaction dans de justes limites. Il est certain que l'ouvrier des villes, renfermé dans un milieu impur, au contact d'une chaleur artificielle très intense, comme le sont les fondeurs d'acier, les forgerons, les verriers, les boulangers, etc., dépense beaucoup de force, ou, si l'on veut, brûle beaucoup de calorique ou sang, que son estomac repousserait une nourriture froide, abondante, délayée, qu'on me passe cette expression; ce serait un surcroît de fatigue que ne compenseraient pas les principes réparateurs qui y sont contenus. La nature de son travail l'oblige à consommer les aliments les plus nourrissants sous un petit volume, ceux qui contiennent le plus *de calorique.*

De même que les habitants du Nord ne pourraient se contenter de dattes, de bananes et vivre dans l'oisiveté contemplative des Orientaux, de même ceux-ci ne pourraient supporter la nourriture substantielle des climats tempérés et se livrer à leurs travaux. A chacun ses aptitudes. Aux uns la force persévérante, les travaux soutenus, les grandes entreprises; aux autres les éclairs de génie, les élans passionnés, les secousses volcaniques, mais de peu de durée.

Il est évident que les besoins se modifient quand l'homme est soumis à un changement d'air ou d'occupation, que cet air est plus ou moins vicié, que les travaux sont plus ou moins pénibles. Nous constatons, tout en faisant la part du travail, qu'il n'a qu'une importance secondaire, primée d'une grande portée par l'hygiène.

Le patron ne doit pas se dire : « Que m'importe le progrès ? Je m'enrichis sûrement dans mon usine sombre, avec mon vieux matériel au fond du vallon humide et sans air. » — Non, il ne doit pas penser cela ; c'est un devoir sacré de veiller à la santé du travailleur ; elle est sa principale richesse, et, pour la respecter, il ne doit pas être nécessaire d'y être obligé par des « commissions de surveillance ».

Des ailes ! des ailes ! s'écrie Michelet dans son livre *de l'Oiseau*. Nous, nous disons : — De l'air ! de l'air ! L'air libre des plaines pour le développement *heureux* de l'industrie, pour le bonheur du peuple, pour la sécurité du pays !

Cependant, en présence de faits aussi avérés, nous avons entendu des hommes honorables manifester leur étonnement de l'importance attachée par les économistes et certains patrons au confortable pour l'ouvrier, et, entre autres choses, mettre en parallèle la sobriété de petits cultivateurs gagnant peu et arrivant, à force d'économie de toutes sortes, principalement par la privation de la viande et du vin, à être, en fin de compte, plus riches que les citadins, tout en conservant une vigueur qui fait souvent défaut à ces derniers, malgré la recherche qu'ils déploient sur leur table pour se réconforter.

Nous ne faisons pas l'éloge de la trop grande dépense ; nous ne croyons nullement que les primeurs soient nécessaires, ni les poulets gras et fins, ni les perdrix, même aux choux, ni les liqueurs à chaque repas, ni « le gloria » après le café ! Nous aimons à penser que cette nourriture de luxe peut être servie aux « fêtes carillonnantes », et c'est assez. Nous regrettons que pour quelques exemples de dissipation et de gourmandise, très exactement pris sur le fait, on ne se rende pas compte des prodiges de bonne entente, de bonne économie du plus grand nombre, et qu'on entretienne un esprit de mésestime regrettable entre des ordres de travailleurs aussi respectables les uns que les autres.

Nous désirons tout ce qui peut augmenter le bien-être général, et pour cela nous faisons la guerre au préjugé dont nous avons vu, en bien des cas, la pernicieuse influence.

D'abord, il faut noter une sorte de sot point d'honneur, d'ostentation, à mettre en évidence qu'on fait « bonne chère » ou ce qu'on est convenu d'appeler de ce nom. C'est aux gens riches à donner l'exemple par l'adoption de certains aliments tels que le cheval, c'est à eux à se souvenir de « la parmentière » sous Louis XVI et des efforts de ce pauvre roi pour faire adopter au peuple « la pomme de terre », dont aucune table ne saurait maintenant se passer.

— Donnez de la viande à vos enfants, ordonne le médecin. Il ne suffit pas pour eux de prendre *de bonnes drogues :* fer, iode et vin de quinquina, dont je conseille l'usage parce que vous les prenez gratis à « la petite pension ». Le bureau de bienfaisance ne peut suffire à vous donner encore toute la viande nécessaire pour faire « du muscle » à vos moutards !

— Mais, monsieur le docteur, au prix où est la viande, vous le savez bien, je ne peux pas en nourrir les petits... Il faut d'abord en donner au père, qui travaille à leur gagner du pain...

— Mangez du cheval !

— Cette sale viande ! J'aimerais mieux toute ma vie manger mon pain sec !

— Et vous aimez mieux aussi imposer les privations, le rachitisme, les écrouelles à vos moutards ! Ils n'ont pas de préjugés, eux ! ni votre mari non plus ! Si vous mettiez le prix du bifteck que vous servez chaque jour (et c'est justice) à votre mari dans un kilogramme de cheval, toute votre nichée serait réconfortée !

— Mais rien que d'y penser cela me dégoûte ! Faut-il être assez malheureux pour qu'on vous propose une pareille nourriture ! Il semble que tout nous soit bon! Cela me soulève le cœur!

— Ma chère femme, je mange du cheval. Ma femme, mes enfants, mes domestiques mangent du cheval. C'est un aliment qui est entré dans la circulation et y tient sa place à côté du bœuf, du veau, du mouton. Il a autant de qualités nutritives que l'autre viande de boucherie, et s'il est moins coûteux, c'est à cause du préjugé qui s'attache à lui ; dans peu, malheureusement, son prix s'élèvera ; en attendant, je profite du bon marché et en même temps je prêche l'exemple. Quand ma cuisinière va à la boucherie hippophagique, elle a soin de dire bien net : « Tel morceau pour le docteur J..., » et quand ce morceau est bien assaisonné, je m'en régale !

— Pas possible, vous mangez du cheval ! vous, un riche ! vous, un médecin ! Ah ! c'est à n'y rien comprendre...

— Oui, j'en mange, cela varie très agréablement notre ordinaire, cela a été dur de le faire adopter par mes domestiques ; mais aujourd'hui ils en mangent « par goût », et tout le monde s'en trouve bien... Allons, ma bonne femme, faites comme eux ; mettez-y de la bonne volonté d'abord, et le goût vous viendra après.

Et le goût est venu à cette famille pauvre comme à tant d'autres ; les enfants ne sont plus soutenus seulement par « les bonnes drogues de la petite pension ». — Ils ont *du muscle.* Les filles sont belles. Les garçons sont vigoureux et commencent à aider leur père.

Il faut se rendre à *l'évidence.*

* * *

Un industriel de l'Ariège voulait essayer une nouvelle méthode de fabrication du fer. Cette méthode promettait de bons rendements. Il trouva tout autour de lui des obstacles tels dans l'invincible entêtement de ses ouvriers, dans leur mauvais vouloir, que, désespérant de les affranchir de leur servage envers les vieux systèmes, il se décida à les renvoyer *tous.*

Il remplaça les praticiens par des journaliers habitués aux plus dures intempéries du dehors, aux plus rudes labeurs de la terre. Ce ne fut pas difficile, avec l'aide d'ouvriers maîtres venus de loin à grands frais, de former un noyau de travailleurs intelligents, sobres, *libres de parti pris,* et par conséquent malléables d'esprit pour saisir le procédé auquel le maître de forge donnerait la préférence. L'appât d'un gain bien supérieur à celui qu'ils recueillaient de leurs occupations champêtres les attirait à l'usine métallurgique. L'apprentissage, d'ailleurs fort simple, ne fut pas long. En moins de quinze jours les braves campagnards étaient au courant de « l'allure des fourneaux, des mélanges de minerais de tel gisement avec ceux de telle provenance, de la réduction, etc. ». Grâce à leur bonne volonté ils connaissaient toutes les opérations essentielles ; il ne leur manquait pour se perfectionner que l'expérience, fruit d'une longue pratique.

Le maître de forge se félicitait d'avoir implanté une invention excellente restée jusqu'alors dans le domaine de la théorie, par suite de la répulsion qu'on trouve généralement chez les ouvriers de certains corps d'état pour toute modification de choses établies, dût-il notoirement en résulter de sérieuses améliorations dans leur métier. L'usinier pouvait croire qu'il n'aurait plus que des motifs de satisfaction chez lui, ayant conscience d'avoir fait faire un pas énorme aux villageois en les attirant au bien-être et à la vie intellectuelle de l'industrie, où ils dépistaient, de bonne foi, les antiques routines de leurs devanciers, quand il vit son personnel s'étioler, s'affaiblir au point que plusieurs hommes, porteurs de petites « basquettes » de minerais, se courbaient sous ce poids et tombaient sans connaissance.

Ce fut pour l'intelligent maître de forge un problème à résoudre : des effets il remonta aux causes. Il s'enquit avec minutie des moindres détails de l'existence de ses ouvriers. Il constata que le plus grand nombre continuaient à se nourrir de laitage, de légumes et de fruits; qu'ils s'abreuvaient aux belles eaux de la montagne; que leur chemise de grosse toile n'avait pas été remplacée par une chemise de coton où mieux de laine; qu'ils ne soupçonnaient même pas les « vareuses » rustiques dont le gros lainage abrite si bien contre les variations de température. Il étudia le travail en lui-même, il en vit les inconvénients restés jusqu'alors inaperçus. Comment, avec ce régime débilitant, produire un travail fructueux sans se consumer soi-même? Comment combattre les influences pernicieuses et corrosives des gaz qui s'échappent en abondance dans la combustion des charbons de bois, des houilles, du coke, par la réduction du minerai? Comment braver impunément les transpirations soudaines produites par un coup de feu et brusquement interrompues par un courant d'air?

M. C..., homme d'initiative, fit établir une cantine où bœufs et moutons furent apprêtés et vendus aux travailleurs. En même temps, on rougissait les eaux cristallines et glacées des versants avec les vins du midi. Les moyens rapides amenaient des chemises de laine, des ceintures de flanelle, des vareuses, le tout vendu à très bas prix à cause de l'importance de la commande.

Les ateliers aérés et ventilés présentaient toutes

les conditions hygiéniques des fours catalans —
l'air libre — et mettaient mieux les ouvriers à
l'abri des intempéries que ces ébauches rustiques
de la métallurgie, flanquées au sommet des montagnes et soumises aux caprices des vents.

En dépit des faiseurs d'économie à tout prix, les
résultats obtenus furent merveilleux, car M. C...,
pour démontrer les bienfaisantes influences de
l'hygiène sur les forces, les facultés des individus,
ne rencontra pas les difficultés incroyables qu'il
avait jadis surmontées pour apporter, dans une
province riche en minerais, une méthode nouvelle
de féconde exploitation pour le pays qui permît
de lutter victorieusement contre les produits similaires de l'étranger.

C'est ici le lieu de rappeler les idées du marquis
de Grammont, représentant de la Haute-Saône à
la Chambre des députés, dont il était le doyen
d'âge à l'époque de cet épisode.

Il avait combattu le « libre échange » à la tri-
bune de l'empire comme député et comme maître
de forge. Mais l'empire était au « libre échange ».
Michel Chevalier avait eu gain de cause. Notre
fabrication du fer avait été ruinée.

Longtemps les maîtres de forges luttèrent par
tous les moyens. Le marquis avait dû céder à son
fils une partie de ses biens, et ses forges notamment. Le jeune comte, plus positif que son père,

avait laissé éteindre des fourneaux qui menaçaient d'engloutir sa fortune. Le vieux marquis ne pouvait s'en consoler. Il me dit un jour ces paroles, qui mériteraient d'être gravées sur sa tombe, où elles remémoreraient aux nouvelles générations l'esprit chevaleresque de l'ancienne aristocratie.

« L'industrie est un champ clos comme la guerre, et quand on a un nom, il faut mourir sur la brèche, comme le général meurt au feu. On ne doit pas plus fermer les portes de ses usines devant la concurrence étrangère qu'on ne doit rendre les armes à l'ennemi !... »

Et maintenant que les défenseurs du « libre échange » à tout prix commencent à remporter... « des vestes », pour me conformer au titre de ce chapitre, qu'ils fassent un retour sur eux-mêmes et qu'ils ne s'engouent pas d'une nouvelle *panacée* aussi rigoureuse. Le monde n'accomplit pas son œuvre par *une équation*. Il faut, pour les peuples comme pour les individus, tenir compte des circonstances et des milieux, auxquels on ne peut assigner une formule algébrique.

CHAPITRE XVII

Le noceur.

Les hommes qui s'occupent de politique sentent bien qu'ils ont besoin d'un point d'appui, de forces, pour assurer le succès de leurs opinions. Vous êtes l'axe sur lequel repose leur espoir; tantôt dans l'ombre, tantôt au grand jour, vous êtes les complices inconscients de leur insatiable ambition, quelquefois, hélas! de leurs infamies; vous formez le bilan de leur liquidation!

Pour vous amener à étayer leurs intérêts, ils vous flattent, remarquez bien le mot, il n'est que trop exact, ils vous adressent de belles phrases, vous font de belles promesses : leurs discours sont creux et pleins de sophismes. Leurs promesses sont fausses et illusoires. Les ont-ils jamais réalisées? Le pourraient-ils, s'ils le voulaient sincèrement?

N'êtes-vous pas encore, en ce moment, meurtris de corps et d'âme? Avez-vous perdu tout souvenir? Ne regardez-vous pas autour de vous avec méfiance? Vous, peuple français, confiant et loyal par nature, avouez que vous ne savez trop à quelle rive aborder pour jeter l'ancre de vos convictions!

Le politique et *ses meneurs* auraient-ils donc encore quelque influence auprès de vous en ces temps de transition où l'esprit public cherche à se rasseoir le cœur, à panser ses blessures, et la conscience, à reprendre ses droits?

Est-ce un économiste qui vous parle au point de vue de cette belle science où tout se lie, qui règle tout en ce monde par *doit et avoir*, qui équilibrerait l'univers sur la pointe d'une aiguille? Non, je n'ai d'autre désir, d'autre but, que de vous être utile, à vous avec lesquels j'ai toujours vécu depuis mon enfance, que j'ai suivis pas à pas dans le travail, dans l'intimité, dans les révolutions; à vous que j'aime, enfin, parce que vous êtes mon passé, mes traditions, ma famille, mon présent tout entier, avec ses angoisses et ses espérances, et mon avenir! Car mes fils, travailleurs comme vous, sont liés à votre destinée.

Laissez-moi vous donner quelques conseils bienveillants, mais n'attendez aucune flatterie indigne à la fois de vous et de moi.

* * *

Je vous ai montré l'ouvrier sous son jour progressif ; je me suis complue à cette étude, qui prouve avec évidence que le sort physique et moral du prolétaire est amélioré et tend à s'améliorer chaque jour davantage, grâce aux institutions nouvelles de sociétés de prévoyance, grâce à ce que l'État se propose d'accomplir, en outre de ce qui est fait déjà pour les accidents du travail, pour des caisses de secours, de retraite, de protection envers les mineurs, etc., etc.; grâce encore aux facilités de travail apportées par le perfectionnement des outils, des machines; grâce surtout à l'instruction, dont le flambeau puissant éclaire les masses et leur dévoile, dans les sombres replis des passions malsaines, les misères, la dégradation qui y sont attachées.

Il me reste une tâche pénible à remplir, c'est de m'occuper des retardataires, des endurcis, des irréconciliables. Nous ne serions pas vrais si nous ne voyions que le bien, le beau, le progrès. Deux forces entre lesquelles nous oscillons, jusqu'au jour bienheureux ou terrible où nous entrons, soit volontairement, soit accidentellement, dans l'une ou l'autre arène, se partagent notre vie: « le bien, le mal. »

Pour faire le bien, il faut lutter contre l'habitude, contre le préjugé, contre l'égoïsme et que sais-je? Mais en paix avec nous-mêmes et ainsi couverts de la meilleure égide, nous devons vaincre et terrasser le mauvais esprit qui s'agite en nous, autour de nous.

On combat aussi pour faire le mal; mais quelle différence dans cette seconde voie?

En révolte contre la société, à laquelle chacun doit sa parcelle de progrès dans l'ordre moral et matériel, on est entouré de craintes, de réprobation : quoi de plus affligeant pour la dignité humaine!

Je ne crains pas d'être accusée d'exagération quand je vous montrerai, parmi vos compagnons d'atelier, un homme, père de plusieurs enfants, cherchant à leur dérober le salaire de la semaine ou du mois pour le dissiper en quelques jours dans la débauche et l'ivresse, et ravaler l'homme au-dessous de la bête, car l'animal au moins prend soin de ses petits!

Les larmes de la mère, la détresse au logis, rien ne saurait toucher ce cœur de lie. Pauvre femme! Pauvres enfants! Victimes misérables de cette chose ignoble qu'on nomme en terme d'atelier un *noceur*.

Cet être débraillé ne commence son travail que le mercredi. Cependant il n'est pas rare de le voir au chantier le dimanche; il suit en cela certains errements ouvriers, plutôt qu'un raisonnement. Pour lui, travailler le dimanche, c'est s'inscrire à « faire le lundi » avec les camarades.

Contre le chômage du lundi il y a peu de chose à faire pour la génération présente. L'instruction apprendra aux enfants qu'en dehors même de l'esprit religieux il est bon, il est sain, il est moral d'adopter un jour de repos, de récréation, de promenade, de vie de famille. Le dimanche étant le jour consenti par le plus grand nombre, libres penseurs, israélites n'ont pas à se préoccuper de l'ordonnance dominicale au point de vue de l'antique parole; ils n'ont qu'à se rendre compte d'*un besoin social très réel* et, en bons citoyens, aider autant que possible à sa satisfaction par une *libre* et sage adhésion à la loi *coutumière*, si elle ne va pas à l'encontre d'intérêts primordiaux, soit directs et personnels, soit indirects et impersonnels, et à plus forte raison d'un cas de conscience.

Le « noceur » finit toujours par perdre la direction de la famille, et c'est heureux. Cet homme, dont aucune société de travail, d'assurances contre les accidents, ne veut plus pour membre, — ce serait un frelon dans la ruche, — lui que repoussent pour les mêmes causes les sociétés de secours mutuels, qu'aucune réserve pour la vieillesse ne préservera de la plus hideuse misère, cet homme est à la merci des passions politiques. Il ne volera peut-être pas, mais il se vendra sans vergogne; il ne sera pas un « meneur », il est trop abruti pour cela, mais il sera l'instrument aveugle dont se servira le « meneur » pour faire le mal.

Cependant quelques individus, dévoyés au point de vue moral, diront de lui : « Ce n'est point un malhonnête homme, il ne fait de tort qu'à lui. »

Mais sa famille, dont il est le bourreau; mais lui-même, qui profane la dignité humaine, n'est-ce donc rien?

La misère a mille dangers dans ses flancs creux. Elle bat la santé en brèche et, peu à peu, en détruit l'équilibre. Ainsi en est-il du moral; elle fait germer dans le cœur qui n'est pas fortifié par la raison et la vertu des instincts de convoitises brutales, de haines sauvages contre ceux qui paraissent doués des avantages que procurent l'ordre et l'économie, un heureux bien-être; contre la richesse en général, quand elle ne se vautre pas dans l'orgie.

Femmes infortunées dont les maris ne remplissent pas leurs plus stricts devoirs, en subvenant aux besoins les plus pressants de la nature, à quelles épreuves n'êtes-vous pas réservées? Mais, par-dessus tout, et bien avant les privations matérielles

éprouvées, se place cette plaie incurable et enve-
nimée, dont est souvent atteinte l'âme des malheureux : l'envie. Et mes larmes coulent involon-
tairement...

Oui, la jeune mère verra son sein tari par le
besoin, et la femme riche, qu'elle envie, dédaigne
de remplir elle-même ses devoirs maternels en ce
qu'ils ont de plus doux, de plus sacré : transmettre
et perpétuer la vie, sa propre vie, à son enfant.

L'élégante dame a une nourrice, elle paye le
lait donné à son enfant, elle lui achète des soins,
elle lui loue de l'affection. La fille du peuple donnerait, elle, son sang pour que quelques gouttes
de lait vinssent rafraîchir cette petite bouche al-
térée !... Ah ! sa tête s'égare ! Puis, les autres petits demandent du pain ! Voyez le feu sombre jaillir de ses prunelles fauves !

Ne blasphème pas, martyre ! Prie et espère...
Prie, fais un retour sur toi-même ; vois ta voisine,
sans laquelle tu serais morte de faim, elle a épousé
un habile serrurier que tu avais dédaigné ; cependant il t'apportait toutes les garanties du bonheur qu'il était raisonnable de souhaiter : cette
honnête aisance qui met dans l'avenir la famille
à l'abri des privations.

Il avait rempli loyalement ses obligations d'apprenti ; il avait servi sa patrie avec bravoure. Enfin, son patron rendait justice à la perfection de

son travail en augmentant son salaire, à la moralité de son caractère en le traitant avec cette déférence qu'on est heureux d'accorder à l'homme qu'on sent pénétré de ses droits et de ses devoirs.

Cet intéressant ménage a des enfants qui sont élevés dans les principes de la plus scrupuleuse délicatesse. Les filles deviendront de bonnes mères de famille, intelligentes, actives, économes ; elles seront, comme leur mère, l'honneur du foyer où un heureux époux les introduira.

Pour les fils, on peut, dès à présent, apprécier quelle sera leur destinée. Le chef de la famille a su maintenir dans son intérieur les croyances, les principes, les vertus qui, de génération en génération, forment un précieux enseignement où chacun vient puiser, à son heure, à sa soif, avec l'héritage de l'expérience, toutes les vertus nécessaires à l'homme : le respect de l'être humain, la fidélité au devoir, l'esprit de famille, l'amour de l'humanité et de la patrie !

Ces sentiments, qui constituent l'éducation de famille telle qu'on peut la souhaiter, n'ont rien de commun avec l'instruction.

On peut être un ignorant vis-à-vis de la science, et avoir acquis par l'éducation la plus parfaite invidualité, au point de vue de ce qu'on doit à la société et à soi-même.

Rien ne saurait mieux disposer à l'instruction que l'éducation : elle ouvre l'esprit en même temps que le cœur aux plus louables aspirations.

Le chef de la famille, en homme intelligent, dirige ses fils vers une bonne et solide instruction; il ne craint pas de les voir plus savants qu'il ne l'est, car il le comprend, leur éducation première les mettra à l'abri de cette sotte mésestime que se permettent certains jeunes gens, pour lesquels d'aveugles parents font des sacrifices au-dessus de leurs forces, sans les prémunir contre cette petitesse d'esprit par une bonne et saine éducation de famille. Il a quelques épargnes laborieusement acquises, il veut les consacrer à « s'établir ». Devenir patron est son rêve; il espère trouver en ses fils ses premiers apprentis et successivement ses meilleurs ouvriers, ses contremaîtres, enfin — ses associés.

On ne doit pas douter de la réussite de cet homme de bon sens. Ses patients efforts seront couronnés de succès, et dans un prochain avenir sa maison tiendra une place honorable dans l'industrie.

Inutile de te dire, jeune femme, que pour revenir au bien moral et physique il ne faut jamais perdre de vue le possible et l'honnête. Par conséquent, il ne faut pas envier la grande dame oisive, le faire serait une faute et un manque de dignité.

Quand on veut assainir une *mauvaise* plaie, on ne doit pas craindre d'y porter le scalpel pour enlever les chairs mortes, creuser jusqu'au vif et y appliquer un fer rouge pour cautériser le mal. Ainsi ai-je fait ; ainsi ferai-je toujours.

La cause de tous tes maux est ton mari, dis-tu? Cet homme était-il bon fils? Avait-il conscience de ses devoirs ? Était-ce un garçon laborieux, rangé, avant que tu ne le prisses pour compagnon de ta vie, pour protecteur de ta faiblesse? Nullement!

Dissipé, hâbleur et déjà débauché, il promettait ce qu'il n'a que trop tenu : *vice et misère.*

Son état, presque un art, eût pu lui donner des salaires très élevés. L'assiduité au théâtre, la lecture de romans à sensation, une certaine manière de se vêtir, de se coiffer, le mettaient en relief dans le faubourg : ce furent ses titres à ton attention. L'affection ou plutôt l'entraînement de la jeunesse suivit de près. Tu étais trop jolie pour qu'il vît impunément tes yeux noirs pudiques se baisser sous son regard effronté, trop sage pour qu'il osât penser à faire de toi autre chose que sa femme ; il se décida donc à te sacrifier « la vie de garçon ».

Tu sais, du reste, combien peu dura le bonheur éphémère qui suivit cette union. Jeunes tous deux, tant que les enfants ne te retinrent pas au logis, ce ne furent que fiévreuses intermittences de travail et de plaisir. Déjà tu cherchais à t'étourdir, tu apercevais le vide de cette existence, mais tu n'osais rompre avec elle, craignant de déplaire au maître de ta destinée. Tu avais senti tressaillir ton sein. Le sentiment maternel commençait à poindre en toi et te dotait soudain de raison, de prévoyance. Autour de toi le dénuement, la chambre mesquinement meublée, l'armoire sans linge, des murs tout nus ! Et tu interrompis ton chant pour rêver au nid moelleux où reposerait... le rédempteur. Mais, ce nid, il le fallait acquérir brin à brin : des langes chauds, de doux coussins étaient nécessaires, et des rideaux devaient abriter l'innocent, lui tamiser un jour plus doux, un jour selon ton cœur de mère qui battait pour la première fois !

. Tu attendais, anxieuse et charmée, le retour de ton mari. Quand il vint, te haussant sur la pointe des pieds, avec ton sourire mutin, devenu rêveur, tu lui dis à l'oreille : « Père, tu vas être père. »

Il te repoussa durement : « Voilà bien une affaire ! des marmots, il ne me manquait plus que cela ! Et le patron qui me met à *pied* sous prétexte *que je la mène joyeuse* et que cela ne fait pas son ouvrage. Quelle race maudite ! Ces patrons sont tous les mêmes ! Avides de richesses et poursuivant l'ouvrier de leurs exigences. Les commandes ! Je m'en « fiche un peu » ! Que me font ses commandes, à moi! est-ce que l'argent qui les paye entre dans mon gousset? C'est à peine si l'on a de quoi s'humecter le gosier. Industriel, mon ami, tu abuses de ta situation; mais, comme dit l'autre : « Les rôles changeront, et c'est nous qui te feront marcher à notre tour. »

Enfin, il se répandit en invectives aussi injustes qu'inutiles contre les patrons. C'est ainsi qu'il reçut la confidence du grand « mystère ». Quelle désillusion pour toi! En vain essayas-tu de ramener cet homme à de meilleurs sentiments, de lui suggérer la bonne pensée du travail, de l'ordre, de l'économie en vue du bien-être de son enfant; les pleurs te gagnèrent, ce fut sa perte. Sentant sa faiblesse, il se fâcha pour dominer la situation, il devint lâche. Tu perdis du terrain dans sa considération, comme dans son cœur; tu devins sa chose; jeune et belle, il n'eut pour toi et tes nobles aspirations que sarcasmes grossiers, indifférence ou mépris. Toute espèce d'attachement moral avait disparu, il ne restait que la brute aux prises avec ses instincts.

*　*　*

Une femme ayant moins d'abnégation, moins de douceur, mais douée d'une volonté énergique, eût peut-être amené cet homme à faire matériellement son devoir envers sa famille!

A l'œuvre, mère ! assez longtemps tu as ployé sous l'influence néfaste du malheur, réagis ! si tu ne veux grever d'une façon irréparable l'avenir de tes enfants.

Si la société impose des devoirs, ces devoirs concourent à associer ses membres dans une harmonie féconde et profitable à tous. En même temps elle donne des droits à chacun, et la classe laborieuse est largement favorisée.

Des crèches, des salles d'asiles, des écoles maternelles rendent sans excuses possibles le délaissement de ces petits êtres que l'on voit encore exposés aux dangers de la rue. Si l'on objecte que ces institutions ne répondent pas encore à tous les besoins, qu'elles ne sont pas assez complètes, pas assez étendues, nous répondrons que le bien ne s'acquiert qu'au jour le jour, grâce aux efforts patients d'hommes dévoués aux intérêts des masses. Philanthropes, publicistes, économistes, tous se préoccupent de l'enfant, car tous savent que de sa direction première dépend, le plus souvent, le bonheur ou le malheur de l'homme. Quoi qu'il en soit de la plus ou moins parfaite protection de l'enfance, la mère peut se livrer au travail sans arrière-pensée quand elle a mis en sûreté sa chère progéniture. A sept ans elle est moralement et matériellement à la charge des parents, mais cette charge n'est point sans secours ni compensations.

Pour ce qui t'est personnel, va d'abord trouver le chef d'atelier qui emploie ton mari, expose-lui sobrement ta situation ; ne te répands pas en plaintes inutiles contre ton époux ; plus tu seras discrète, plus il te trouvera digne d'intérêt, mieux il sera disposé à t'aider. Il retiendra sans doute pour les enfants et toi une part du salaire de ton mari. Il gardera le mauvais ouvrier qu'il eût renvoyé *sans pitié* par considération pour ton honnêteté. N'oublie pas que tu tiendras ces services de son obligeance, nullement d'un droit. Le fait de la retenue des appointements complique les écritures et entraîne à l'ordinaire des explications toujours désagréables entre ouvrier et patron. Si tu ne réussis pas dans ce sens, qui est le plus naturel, le plus convenable aux intérêts de ta jeune famille, adresse-toi au bureau de bienfaisance, pour parfaire aux lacunes de ton travail. Mets ton plus jeune enfant dans une crèche ; il est impossible d'allaiter avec de bons résultats pour le nourrisson, si la nourrice est mal nourrie elle-même ; ton petit trouvera à la crèche une nourrice saine, de bons soins, le germe du bien.

Celui de trois ans peut entrer à la salle d'asile, on y développera ses bons instincts, on commencera à former son cœur et son esprit par des maximes humanitaires, par de jolies prières, par de petites leçons. A sept ans on te le rendra innocent comme les anges ; ce sera à toi, mère, de veiller sur ce trésor. Ce qu'il a de bon, d'intelligent, il faut le développer, le préciser.

* * *

L'école primaire ouvre ses portes, fais qu'elles ne se referment pas sans que ton aîné soit assis sur ses bancs. Prédispose-le à l'étude par de bons conseils, par ces entretiens cœur à cœur que comprennent si bien les enfants. Qu'il soit poli, respectueux pour ses maîtres, cela dépend de toi, et, presque toujours, de ce premier respect, de cette première politesse envers les professeurs, découlent le succès des élèves. Il est hors de doute que les instituteurs remplissent les devoirs de leur profession, même envers des élèves mal élevés ; mais ils le font sans attache, et dans ce cas, le plus souvent, sans fruits.

Il ne faut pas considérer la propreté comme incompatible avec la gêne. L'enfant bien vêtu mais sale n'attire pas, on s'en éloigne avec dégoût. Celui qui est propre, même dans de vieilles hardes, plaît à l'œil, éveille la sympathie. La pureté du corps rappelle la pureté de l'âme. Jésus aima les pauvres et n'aima pas les immondes. Aussi, par un sentiment involontaire, ne repoussons-nous pas l'indigent qui, dans sa détresse, sait se garder à lui-même le respect dû à la créature de Dieu.

* * *

En dehors de l'école il faut veiller attentivement aux loisirs, aux amusements de ta petite famille, afin qu'elle ne se corrompe pas dans la société de ceux que les mères peu soucieuses de leurs obligations laissent aller à la dérive de leurs mauvais penchants. La paresse, l'ignorance, le vagabondage et, plus tard, le crime sont généralement les hideuses conséquences de ce coupable abandon, et toujours il est pour la société la plaie incurable d'un citoyen sans éducation, sans dignité, perdu pour le progrès.

Au contraire, on a vu des veuves, privées du même coup de leur époux, de leur fortune, réduites à vivre de leur travail, puiser dans le désir d'élever honorablement leur famille une énergie féconde en bons résultats.

Il ne faut pas confondre les démarches faites pour obtenir l'aide, l'appui de personnes ou de sociétés qui puissent vous faciliter les moyens de donner gratuitement à vos enfants une instruction plus étendue que celle des écoles primaires, avec la quémanderie, si discrète soit-elle, de l'aumône.

Des dotations testamentaires, des sociétés de bienfaisance, des œuvres philanthropiques relèvent le pauvre honteux de sa détresse morale en donnant la gratuité à ses fils, au delà de l'école communale, pour une instruction aussi étendue que possible.

Ces institutions diverses favorisent de la même sollicitude l'ouvrier intelligent désireux de participer à tous les progrès sociaux : les boursiers sont admis au concours, soit dans les collèges où chaque département envoie gratis un certain nombre d'élèves, soit dans des écoles professionnelles ou spéciales. Parmi ces institutions, celle qui nous paraît le plus applicable au sujet que nous traitons (*les ouvriers industriels en général*) est évidemment celle des écoles d'art et métiers qui fonctionnent à Angers, Châlons-sur-Marne, Aix. Il y en a une nouvelle à Lille.

En effet, ces écoles forment, par une instruction tout à la fois théorique et pratique, à laquelle il ne manque plus que l'expérience, qui ne s'acquiert qu'à ses risques et périls, des ouvriers capables de faire en peu de temps des contremaîtres ou des chefs d'ateliers.

L'école primaire peut conduire ses élèves jusqu'aux écoles d'arts et métiers ; ainsi, même dans l'état actuel des choses, un jeune homme intelligent et studieux peut, avec des efforts de travail, acquérir assez de connaissances pour obtenir une bourse pour ces écoles.

Le peuple, dès maintenant, est donc appelé au banquet des élus; car, il ne faut pas l'oublier, «l'homme ne vit pas seulement de pain, mais de toute parole divine. »

Cette loi du progrès vient de haut, et si le gouvernement, si les institutions particulières ont fait déjà beaucoup pour les masses, que ni les uns ni les autres ne se lassent. Tout ne se transforme-t-il pas autour de nous, grâce au génie humain? Ne voyons-nous pas fonctionner, rendues pratiques, les inventions les plus merveilleuses, les plus inattendues?

L'homme n'étend-il pas chaque jour le domaine de sa pensée dans le vaste champ du progrès? Eh bien ! puisque nous voyons cela, rendons-nous à l'évidence, avouons que nos frères, les prolétaires, sont en général au-dessous du niveau moral où sont arrivées les classes instruites, « cultivées, » de la société en *cultivant* leur esprit. Ils ont cependant l'appétit de cette culture, car cet appétit est d'essence humaine, la *perfectibilité*. Mais ils ne savent pas toujours distinguer les aliments salubres des poisons qu'ils absorbent. De là ces convulsions funestes qui troublent si profondément la paix, la dignité des nations.

Il est certain que la société, sous peine de sa propre ruine, doit aux individus qui la constituent le courant de connaissances nécessaires pour naviguer dans ses eaux; qu'elle ne peut, à aucun titre, endiguer pour les privilégiés, sans s'exposer à de grands désastres.

Sans doute, nous avons l'instruction primaire gratuite pour le défrichement des terrains incultes livrés aux ronces de l'ignorance ; mais cette instruction ne laisse-t-elle aucune lande, aucune ornière, sans y apporter le soc de la charrue civilisatrice ? Incontestablement si. Nous connaissons de gros villages, des bourgs et même des villes qui n'ont point d'instituteurs primaires. Nous ne voulons point remonter aux causes ; il nous suffit de signaler le fait dans sa triste simplicité.

* * *

Pour parfaire l'instruction primaire, nous envoyons l'élite des intelligences du peuple dans nos collèges, dans nos écoles, et, par l'instruction gratuite, nous leur ouvrons le chemin de l'avenir. Mais ces mesures si belles, si libérales, dans un temps où l'on était habitué à s'abriter à l'ombre des hautes cimes, ne deviennent-elles pas insuffisantes dans l'état actuel des mœurs, des idées ?

Notre siècle est le siècle de l'égalité par le droit du nivellement, par le progrès de la dignité humaine. Qui de nous, pour philosopher à l'abri des préoccupations du pain quotidien, consentirait à endosser la jaquette galonnée de Jean-Jacques? Personne. Ce fait caractérise une époque.

Travailleurs de tous les états, de toutes les conditions, apprenez à connaître vos droits et aussi vos devoirs, pour faire prévaloir les uns et respecter les autres.

Si la liberté vous est chère, sachez qu'elle ne l'est pas moins à vos concitoyens, et ne pesez pas par la violence sur leurs déterminations ; mais armez-vous plutôt d'entente, de raison, *d'union*, la plus grande de toutes vos forces, celle à laquelle aucune puissance, si opiniâtre soit-elle, ne saurait résister : le bulletin de vote. Envoyez à la Chambre non des révolutionnaires ou des ambitieux, mais *des modestes, des sages*, des hommes vraiment libéraux et honnêtes, pour y représenter vos besoins, vos aspirations.

Quelques minutes d'entretien ont non seulement suffi, jeune femme, pour te donner la clef de ce que tu dois faire pour profiter, dès aujourd'hui, des éléments mis à ta disposition pour élever et instruire tes enfants, mais encore elles t'ont initiée aux nobles tendances des travailleurs vers des améliorations nouvelles.

Ces aspirations, ces tendances, tu dois les semer dans le cœur de tes enfants, afin que le germe de la dignité se développe en eux et devienne une plante vivace qu'aucun souffle des passions mauvaises ne puisse déraciner plus tard.

S'il faut, dès le jeune âge, s'occuper de l'avenir, il n'est pas moins essentiel de jeter un regard vers le passé pour y puiser de sérieux enseignements consacrés par l'expérience des faits accomplis.

De génération en génération, nos devanciers nous ont légué le fruit de leurs travaux; nous leur en devons de la reconnaissance; en même temps nous devons chercher à les imiter en remplissant notre tâche envers la postérité.

Les années passent vite quand elles sont remplies utilement, noblement. Si la conscience du devoir ne peut effacer toutes les aspérités qui se dressent sur le chemin de la vie, sa force est telle que nul obstacle ne l'arrête. — Sous son égide on ne se repose qu'après avoir atteint le but. — On recueille le fruit de ses efforts : le monde, si corrompu, au dire des pessimistes, est plein, n'en doutez pas, de respect pour la femme qui, à travers mille entraves, a su remplir les lois de la nature en donnant à la société des membres forts et sains, capables de porter à leur tour, sans fléchir, le fardeau de l'existence.

Oh ! sainte et digne femme qui as su comprendre

et remplir tes devoirs, te voilà heureuse entre toutes les mères! Tu récoltes le bon grain que tu as si laborieusement semé. Tes fils sont pour ton âge mûr une couronne d'honneur. Déjà tes aînés sont mariés. Leurs jeunes épouses, qui ne doivent se livrer qu'aux travaux du ménage, grâce à l'aisance que leurs maris savent y apporter, préparent, avec toi, de jolies layettes à tes petits enfants. — Tu vas être grand'mère... A cet espoir, les suaves pensées d'autrefois se mêlent aux déchirements dont tu gardes encore les cicatrices dans le silence de ton cœur. — Il y a un homme dont tu ne peux effacer l'existence comme une lettre morte... Il est le père de ces jeunes hommes dont tu es si fière...

Si tu es vraiment femme, tu auras su pallier ses torts à leurs yeux; tu auras su lui conserver le respect filial, sans lequel il n'y a pas de réhabilitation possible pour lui... Il n'a pas mis le sceau à ses mauvais penchants; *la Loi* lui conférait le pouvoir de tout vendre *chez toi*. Ou plutôt, quand livrée à tes seules forces pour élever ta famille, tu arrivais à te donner, ainsi qu'à tes fils, un intérieur propre et convenable, à acheter les hardes et le mobilier nécessaire, ton mari avait *le droit* de venir *vendre* et gaspiller ces objets si chèrement acquis et de vous laisser de nouveau sur la paille!...

Quand au soir de sa vie, usé de bonne heure par les funestes effets de l'intempérance, il reviendra, soumis et repentant, prendre part au bien-être qu'il n'a point contribué à acquérir, reçois-le généreusement mais sans faiblesse, avec la conscience de ta supériorité. Reprends *tes droits moraux*, cherche au fond de cette matière humanisée la lueur, l'étincelle divine... Qu'un moment il sente de petites mains enfantines jouer avec ses cheveux blancs. Que ses fils, d'un geste pieux, ferment ses paupières...

Quelle œuvre plus digne de développer les instincts et les sentiments délicats d'une femme !

Tout à l'heure nous suivrons, avec l'intérêt et l'attrait attachés au bien, la femme forte qui, loin de se laisser choir dans l'abîme creusé sous ses pas par la conduite de son mari avait voué toutes ses forces, ses facultés, son dévouement à soutenir l'honneur et l'existence de sa famille, et, grâce à ses vertus régénératrices, avait pleinement réussi dans sa noble mission. — Mais, toutes les femmes ont-elles l'intelligence de leurs devoirs?... Les a-t-on élevées de façon à les remplir dignement? Les a-t-on armées contre les peines, les difficultés de la vie par l'éducation première, par l'instruction, par le sentiment du devoir?

La femme est-elle un être se possédant lui-même, ayant conscience de sa dignité d'être humain, égal à l'homme, son pair en l'humanité?...

Non! — Trop souvent livrées à elles-mêmes dès leurs jeunes ans, les adolescentes, sous prétexte de suffire à leurs besoins par le travail, perdent pour le prix de quelques colifichets inutiles, la vie d'intérieur, les conseils d'une mère, ses bons exemples. La jeune plante croît dans un atelier, milieu où elle prend le goût de la coquetterie, sans acquérir les moyens honnêtes de satisfaire ce dangereux penchant. Là point d'homogénéité, d'assise, de morale ; elle reste une plante parasite qu'un souffle apporte et qu'un souffle détache. Ce n'est point une individualité ayant puisé dans l'esprit de famille les fortes racines de la vertu, du courage, de l'abnégation.

Aussi, quand la protection matérielle et morale de l'homme vient à manquer, qu'il ne remplit pas la haute mission que la société lui confère par le mariage, il n'est pas rare de voir la femme tomber dans le libertinage et ses désordres, ou dans la misère et ses découragements.

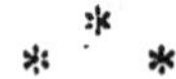

Esquissons à grands traits.

A côté de « l'abruti » végètent une femme, un

enfant. Les déceptions, les désespérances, la misère, la honte ont jeté la femme dans le plus sombre désespoir : — Elle veut mourir !

Elle est abreuvée de dégoût, elle est lasse d'i-
gnominie. Dans le mariage, elle n'a trouvé qu'une
association brutale, un servage infamant, à la
place d'un lien sacré !

Il y a eu plus que de la détresse au logis sordide. Le vice a passé par là ; il a laissé ses traces
dissolvantes.

Au lieu de la résignation unie au courage, nécessaire à la malheureuse créature pour pourvoir
seule aux besoins de la famille, une atonie profonde, incurable, qui ne s'observe que chez les
êtres flétris, s'est emparée d'elle. Les natures d'é-
lite seules s'épurent au contact du malheur, il
les grandit, il les sanctifie, il les transfigure.

Au contraire, il étiole, et par sa persévérance à
frapper, détruit jusqu'aux forces vives des êtres
ordinaires ; mais ce n'est pas sans souffrances,
sans crises !... Par combien d'épreuves a-t-il fallu
passer ? Combien d'engrenages ont broyé ce cœur
de vingt ans pour laisser à sa place une chose,
loque humaine qui veut rentrer dans le néant ?...

*
* *

La femme... fleur il y a deux ans à peine,
était venue, confiante et pure, s'abriter sous ce toit.

Bientôt l'homme de boue avait rejeté le masque de comme-il-faut, pris un moment pour tromper sa victime. Ce masque, plus brûlant que la robe de Nessus, le consumait de dépit concentré, de sourdes colères, de rages insensées...

L'ivrogne n'a plus de goût pour rien, si ce n'est pour la satisfaction du besoin qui l'entraîne. Ce désir dominant, une fois assouvi, *l'animal repu cuve son vin* dans une léthargie heureuse. Quand il reprend ses sens, il redevient inquiet, maussade, mal à l'aise. Cette passion sans cesse renaissante devient un marasme, une folie sans frein.

Qu'importe l'amour d'une femme! Cette ivresse est dissipée; la possession reste; cela suffit. *Le noceur* voulait boire, et il but.

Il but à longs traits, et non content de boire, il se vautra dans l'orgie. Ce besoin, constamment entretenu, devint chaque jour plus impérieux; il arriva à dominer tout respect humain; toute impression morale, toute entrave fut brisée... Il ne resta plus rien d'humain à cet être dépravé!...

Il but son salaire, sans souci de sa femme, de son enfant. Puis, comme ce salaire devenait insuffisant, car il ne travaillait presque plus, il fit une rafle complète au logis : linge, vêtements; qu'était-ce que cela pour ce gosier altéré?

Et vous suivez, dans leurs horribles péripéties, les humiliations, les tortures de la femme; vous voyez son dénuement, vous sentez sa douleur ! — Elle est mère ! Elle voit souffrir sa fille ! Elle a faim !

Pardonnez-lui, vous, femmes, qui n'avez jamais senti les poignantes, les implacables atteintes du besoin ; vous, qui traversez la vie entourée d'estime, d'hommages, vous que l'éducation fait vaincre ou mourir sans faiblesse.

Le mari, abruti, ne travaillait plus, et, eût-il voulu recommencer une vie laborieuse que cela lui eût été impossible. Il était arrivé par degrés à un état de décrépitude physique et intellectuelle qui ne lui permettait plus une occupation assidue. Il avait vendu tout ce qui pouvait lui donner quelque argent et, cet argent, il l'avait dépensé chez le marchand de vin.

De quoi vivait-il donc? d'impostures !...

Il faisait des dettes parmi ses fournisseurs, parmi ses anciens camarades d'atelier ; mais tous se lassèrent vite en voyant l'usage qu'il faisait de ces emprunts, extorqués sous différents prétextes.

Cependant, un mauvais génie qui tranchait de l'érudit, discourait sur la confraternité des peuples, sur « les grands principes » et visait enfin à devenir un *Meneur* politique, s'aboucha tout à coup avec ce partisan de Bacchus que tous abandonnaient à ses penchants déréglés. Il se rendit indispensable à « l'éponge vineuse » et sut noyer ses derniers scrupules, feints ou réels, dans une orgie monstrueuse.

Le « noceur » avait suivi en lui-même, dans les rares intervalles de lucidité que lui laissaient ses excès, les progrès de sa propre ruine.

Il était devenu pour sa compagne un objet d'horreur et de dégoût. Conduit par un instinct sauvage, il voulut s'en venger.

Du moins, ce fut le criminel prétexte qu'il se donna à lui-même quand vint l'heure impie, sacrilège, où, n'ayant plus rien à vendre, il vendit la mère de son enfant !

La faim est encore là !

Des cris plaintifs entrent dans tout l'être de la mère, comme des lames acérées, et en remuent douloureusement les fibres, déjà crispées à l'avance.

Recommencera-t-elle l'odieux sacrifice ? Non. Ce ne serait qu'un sursis donné à l'agonie... Cette vie est la mort de l'âme ! Mieux vaut mourir tout entière.

L'enfant pleure ! oh ! supplice des damnés ! « Tiens : Au lieu de lait, prends mon sang ! Prends ma vie, chère créature !

« Qu'as-tu fait pour souffrir ? Il n'y a donc pas de

justice sur la terre? Pas de Dieu au ciel? Combien durera cet affreux martyre? Je mourrai mille fois en voyant mourir ma fille.

« Ma vie qui circule dans tes veines, mon âme qui éclaire ton doux visage, chère enfant, rien ne peut te sauver! Tu vas mourir... c'est moi, ta mère! qui t'aime et qui t'aurai tuée!...

« Ma tête s'égare... Là, en face, c'est là qu'il passe sa vie. Un signe de moi... Oh! non! Plus jamais! N'est-ce pas Marie? ma petite fille! mon ange! pas cette profanation... auprès de toi!... Oh non! Non! pas cela! pas cela!

« Il faut en finir... Un peu de charbon, il en reste assez... Ces couvertures... Elle n'aura plus besoin de rien... Voilà un lange... Allons, du courage! Il ne faut point d'air! Déchire, déchire, et, avec ce couteau, passe le linge dans les fentes. C'est fait. Le réchaud est allumé... attisons le feu...

« Quand il rentrera « les cadavres » lui reproche-ront son crime!... sa lâcheté!... Je suis vengée!... La mort est un bienfait.

« Mais tu souffres... Tu gémis... Oh! je suis folle!... Mourir!... En avais-je le droit?...

« L'opprobre nous attendait... Ma fille, pardonne-moi, si je t'ôte la vie, je te garde au moins la pu-reté... Si l'enfer me prend, toi, cher ange! tu rayonneras au ciel comme une étoile...

« Mes pensées se transforment, elles prennent

des ailes... Je vois dans l'infini... J'étais injuste, Dieu est bon! Il ne séparera pas la mère de l'enfant!...

« J'étouffe... Je n'y vois plus... Enfant... Un dernier baiser... Dieu ne veut pas que l'on se détruise... Ah! Seigneur, ayez pitié de mon enfant!...

« De l'air!... » Ses membres se raidissent... Elle est glacée... » Je ne peux plus marcher! traînons-nous... Je ne veux plus mourir! J'ai vingt ans... Je veux vivre!... Pitié, mon Dieu! Je veux vivre pour mon enfant... Ce bruit!... On m'a sans doute entendue?... On vient à notre secours... Je reverrai la lumière!... Je reverrai ton sourire!...

« Mais! Quelle lenteur... Ce pas est lourd...C'est lui!... Cette voix avinée!... Ah!... Je comprends... Il rentre... Il est ivre!... Ange, donne ton dernier soupir à ta mère... Son cœur bat faiblement... Un effort surhumain, quelques pas; une fenêtre ouverte et je pourrais la sauver!... Que faire?... Il approche!... Il frappe! Je suis sans force... Si la porte cède, il ne verra pas que je meurs!... Il me frappera, ou, c'est pire encore, sur mon cadavre, ses caresses bestiales...

« Oh! que cette cruelle mort est lente à venir pour moi!... Du moins, ma fille, mon enfant, ne respire plus... Pourquoi lui survivre? Si cet être immonde allait enfoncer la porte... Me faire une scène à

côté de ce petit corps ?... Non... Il tombe ; l'ivresse...
le sommeil de l'ivresse... Il va dormir... »

— Eh bien! Femme! Est-ce ainsi qu'on me reçoit? Sois tranquille, demain je te ferai « danser ».

— Mon Dieu ne repoussez pas celle qui, pré-
cédée d'un ange, voudrait aller à vous... Le cœur
a besoin de l'âme. La femme a besoin de trouver
dans l'homme la noble créature de Dieu pour faire
avec lui le voyage de la vie et se reposer ensemble
dans l'éternité... Mon Dieu!... Miséricorde!... pour
la pécheresse... Mon Dieu... Mon Dieu... »

...Sa fille est morte! La mère expire. Le *Noceur*
dort au seuil de la porte. Quel réveil attend le
malheureux?

CHAPITRE XVIII

Les impôts indirects.

Les impôts indirects sont, dit-on, le meilleur moyen « de plumer la poule, sans la faire crier ».

« Ils sont tellement répartis, tellement dilués qu'ils passent inaperçus », pense-t-on, et on impose... On impose.

Si les gens fortunés et oisifs s'aperçoivent peu de l'impôt indirect, nous leur souhaitons bien du plaisir. Nous, industriels, qui n'employons pas une matière première sans qu'elle soit imposée, nous sentons lourdement peser l'impôt. Voilà pour *le grand travailleur*.

Ayons donc le courage de le dire : Les impôts indirects sont encore une de nos plaies vives. Sans doute, on n'est pas pendu haut et court, à tout propos, si on consomme et si on ne consomme pas assez de sel. — J'ai vu, au château de Clisson, « le *crochet robuste* » auquel on pendait les *fausses saulnières* qui avaient triché « l'octroi » *du bon vieux temps*, la gabelle. J'en ai eu assez et je n'ai pas demandé à visiter celui des *faux saulniers*. On m'a dit qu'il était pareil à celui des femmes, et j'ai cru sur parole notre cicerone, une grande gaillarde taillée en hercule dont la voix mâle, dans ces ruines, sonnait la mort lugubre des trépassés, avec une sinistre complaisance : « C'était ici — les oubliettes! — C'était dans ce puits qu'on avait scellé les brigands partisans de *la France* contre *les Ducs.* C'était là enfin qu'on pendait — à cette potence. »

Oh! Le beau temps!... L'heureux temps!

Eh! puis, les dames gentes.... Les riches damoiselles, dans le donjon avaient « *une chambre* » donnant sur « la prée » des chevaliers. La verte « prée des tournoys », où, sous les yeux de leurs belles, et pour obtenir noble écharpe brodée de leurs mains, ils luttaient en champ clos... Quelle poésie et quel charme! Ce vallon délicieux sous ce nid d'aigle! Un cours d'eau ravissant bordé de saules... Oh! oui! C'était un beau temps pour la noblesse de Bretagne!... Mais pour « les manants », les ribauds, les vilains, heu! heu!

Voici comment était la chambre *des fausses saulnières.* Après cela, on verra bien que si je ne trouve pas tout le — mieux du monde, — ce n'est pas que je ne fasse la différence entre notre temps et « le bon vieux temps ».

D'une cour intérieure, entourée de ruines majestueuses, enlianées de lierre, nous cheminions, cueillant çà et là des violettes lilas et blanches, dans l'herbe odorante pleine de serpolet, vers un bâtiment de mince apparence, quelque .chose comme « les servitudes » de la demeure seigneuriale. Nous parlions « des belles dames et des gentils chevaliers », quand, par une petite marche, nous pénétrons dans une sorte d'antichambre, quelque chose comme une cave à plafond ouvert et sans escaliers est là. Oh! mais une cave très profonde, et dont l'aspect coupait net le gentil babillage. — C'est là qu'on pendait les femmes! dit notre cicerone. Voyez, Messieurs, Mesdames: On les accerochait là-haut. Levez la tête. A cette poutre solide ce gros crochet (c'était comme un énorme crochet de garde-manger). Quand elles avaient fini de « gigotter », on les décrochait et elles tombaient dans « le cellier » où elles pourrissaient avec les autres. Parfois, elles n'étaient pas tout à fait « creuvées »; alors, malgré tout, elles n'avaient pas faim! La compagnie dans laquelle elles avaient « chû » leur ôtait le goût du sel et du pain. On les entendait « brâmer », elles se jetaient à « l'entour » des murs pour sortir d'avec ces squelettes, mais, penchez-vous, avec précaution, vous verrez « ben » qu'elles ne pouvaient point « tirer leurs chausses de là ».

— Tirons le voile sur le charnier du bon vieux temps.

* * *

Les impôts d'octroi sont une des plus grandes difficultés d'améliorer le sort de l'ouvrier. Aussi, les économistes dévoués au progrès cherchent-ils des combinaisons, sinon pour les supprimer complètement comme aux Etats-Unis, en Angleterre et en Prusse, au moins pour en modifier le mode de perception.

La suppression même, contre laquelle quelques économistes s'élèvent, ne nous paraît pas impraticable. Ne voyons-nous pas la Belgique tenter d'établir notre système d'impôts, bientôt en reconnaître les inconvénients, et en décréter la suppression ?

Cet exemple n'est-il pas un enseignement plus fort que les arguments de ceux qui prétendent que les villes de France, et Paris principalement, vivent des impôts d'octroi ?

S'il est vrai qu'elles en vivent, n'est-ce pas au détriment d'autres ressources, qui en prendraient la place tout en dégrevant l'ouvrier de charges, actuellement non proportionnées à ses ressources et à l'encontre de toute justice distributive ! Nous entendons parler de l'impôt frappant *les aliments de première nécessité*. Ce sont, n'est-ce pas, ceux dont l'ouvrier fait la plus grande consommation ? En raison du travail auquel il se livre, ses forces physiques sont atteintes, il faut les réparer.

Trop souvent un mal s'ajoute à l'autre dont il est la conséquence fatale. Par suite de la cherté des loyers, l'ouvrier manque d'un air salubre et des éléments d'hygiène qui lui rendraient moins pénibles les privations matérielles. Le loyer et l'impôt, voilà le cercle vicieux dont il sort bien difficilement.

* * *

Le travailleur n'ayant pas un état lucratif, ne peut économiser. Il est *dévoré* par l'impôt et le loyer.

Pour la consommation, il est réduit aux achats au jour le jour, au détail, c'est à dire : *au prix le plus élevé* pour *la plus mauvaise qualité*, ne contenant même pas les qualités nutritives, des qualités supérieures qu'il n'eût pas payées plus cher, s'il eût pu se les procurer au demi-gros ; je ne parle pas des achats infinitésimaux : 5 centimes de beurre ; 5 centimes de sucre, et, ceux-là c'est *la vraie misère!* Pour l'ouvrier ordinaire, des produits altérés quelquefois même malsains, voilà son lot!

Certains produits sont notoirement consommés par « les petites bourses ». Le raisin sec par exemple. Voici comment on procède dans un ménage économe, où tout le monde ne peut boire du vin et où l'on sait que l'eau des villes n'est ni réconfortante, ni saine à boire, si elle n'est additionnée de quelque matière qui la rende tonique et digestive. On réserve pour *le père* le vin acheté soit au litre soit au panier, soit à la barrique; car le travailleur a besoin d'être *soutenu* pour produire un bon travail sans trop s'épuiser. Les autres membres de la famille boivent de la boisson de *raisin sec* et s'évertuent à chanter l'excellence de ce breuvage *fermenté, frais et mousseux.* On ne touche au *litre* du père qu'au cas où femme ou enfants seraient accidentellement débilités par la maladie ou une fatigue, une indisposition passagère. Le père aussi boit de la boisson entre ses repas, il en emporte à à son chantier, de préférence au vin, parce que, dans l'action du travail, il s'échauffe et a besoin d'être plus largement désaltéré qu'aux repas.

Il en va de même des diverses boissons de fruits secs : poires, pommes, prunes, etc., selon les goûts, employées dans les ménages et à leur portée en toute saison.

A côté du malaise physique, toujours le malaise moral a sa place marquée à l'avance. L'ouvrier dont la bourse n'est pas assez ronde pour se procurer une feuillette de vin, dont l'octroi eût *doublé* le prix d'achat, arrive, si sa femme n'est pas douée d'une *merveilleuse* économie, si elle n'a pas d'empire sur son esprit, à boire seul, au jour le jour, sur le comptoir d'étain du débitant, sans profit pour aucun des siens, la valeur de cette même barrique dont l'acquisition eût fait tant de bien à la famille.

Quel préjudice portent au bien-être et à la moralité des classes ouvrières les impôts d'octroi !

Sans doute, chacun paye l'impôt indirect, mais quelle différence de charge dans cette *inégale égalité.*

On raconte que « le roi parlementaire », le roi *Bourgeois*, Louis-Philippe, non seulement payait l'impôt de bon gré, mais qu'il y était, à la rigueur, requis, s'il lui arrivait, par inadvertance, de frauder l'octroi.

Les employés d'une barrière, si vous voulez de la barrière de Clichy, avaient en effet remarqué l'importance étonnante du train des équipages royaux. La ligne des fourgons ne finissait pas à la suite des voitures de gala, quand le monarque se rendait à Saint-Denis. Il leur avait paru que les véhicules étaient plus lestés au retour qu'à l'aller et ils résolurent de montrer qu'il y avait « des juges à Paris ». Ils demandèrent au roi à visiter tous ses équipages. Louis-Philippe ne s'offensa pas trop de la requête : une simple formalité. Mais il fut en grande colère quand on lui présenta « la carte à payer ». Le « délit » était constant. Le plus clair des bagages consistait en alcools, eaux-de-vie, vins, etc.

Quel pas depuis le temps où les simples vilains payaient seuls la dîme, l'impôt, la gabelle, les taxes, les tailles, enfin les droits coutumiers à chaque étape, à chaque seigneurie, à chaque bourg, à chaque ville, pour disposer du peu de bien qu'ils pouvaient transporter et vendre, quand ils avaient satisfait à toutes les autres exigences du fisc.

Certes, il faut nous glorifier du progrès accompli. D'autant que le progrès appelle le progrès !

Nous pensons qu'il est de l'impérieux devoir des hommes compétents d'apporter toutes leurs lumières dans la question des contributions indirectes et spécialement des impôts d'octroi, afin d'en dégrever, si possible, peu à peu, les prolétaires ; ce sera, nous le croyons, aplanir une des difficultés de notre époque, dissiper un des graves sujets de plaintes, de souffrance, de la ısse laborieuse. Rendre enfin la législature où cet acte sera accompli aussi populaire que l'ont été les actes « des grands jours » de la révolution jetant à bas « le privilège» des hautes classes.

Devant le bon vouloir de nos administrations municipales, l'expérience de nos gouvernants, nous ne désespérons pas de voir réaliser dans ce sens les vœux de tous les vrais amis des ouvriers.

———————

CHAPITRE XIX

Conclusion. — Considérations générales.

Nous résumons, dans ces quelques pages, notre opinion à l'égard des travailleurs, patrons et ouvriers, que nous confondons à dessein dans une appellation commune pour faire comprendre à nos lecteurs :

1° Que l'organisation du travail doit être modifiée pour les prolétaires disséminés des villes, des grandes usines et autres ;

2° Que nous devons entrer dans le mouvement général de progression qui s'imprime aux esprits sous l'influence des idées *libérales, raisonnées* et *pratiques*, résultant du grand système de relations internationales qui se développe chaque jour de plus en plus.

3° L'intérêt des *patrons* et des *ouvriers réunis* est, pour ainsi dire, indiqué comme nécessité de l'époque.

Cette union des forces diverses *du travail* fait partie du programme des améliorations de l'avenir. Elle est le contre-poids naturel de la *main-d'œuvre* aveugle qui exécute et se ligue sans discernement contre le cerveau qui conçoit.

D'une part, depuis l'origine des différends qui se sont élevés entre l'ouvrier et le patron, le *travail* sans concorde générale avec le capital, a été, jusqu'à nos jours, ce qu'étaient les cours d'eau il y a peu d'années encore, des éléments de localité, utilisés seulement dans les lieux qu'ils favorisaient.

De même que les cours d'eau, *forces maladives* comparées à celles de la vapeur, — ne sont plus une condition indispensable à l'établissement d'une usine, et qu'ils sont remplacés avec avantage par la force facultative de la vapeur produite régulièrement sans les intermittences désastreuses de débordements ou de sécheresses qui arrêtent la marche d'une usine hydraulique; de même, aussi, il serait désirable de voir le *travail* déployer toutes ses forces par son union intime avec le *capital*, non plus par le caprice de la nature humaine se prodiguant ici à toute vapeur, en généreux efforts, en cours d'eau profonds, et là, gémissant avec langueur, passant, mince filet d'eau, comme à regret au travers des cailloux raboteux, arrêtant sa chétive marche, avec des patrons aux idées rétrécies, mesquines, des idolâtres des vieux temps, ne sortant ni des vieux procédés ni des vieux privilèges.

* * *

Il est temps de passer le niveau de la justice sur le capital et le travail pour en assurer la sécurité et la puissance.

Est-ce à dire que nous nous inspirions de mesures arbitraires ? Non, nous les réprouvons partout, mais il est un niveau qui s'établit par la force des choses, un courant d'idées mûres qu'une secousse détache : Dire la vérité pour que chacun s'en inspire, n'est-ce pas passer le niveau ?

Tant pis pour ceux qui, prévenus à temps, ne savent ni se hausser, ni se baisser à propos.

Il ne faut pas nier les tendances des ouvriers vers une réorganisation du travail. Ces tendances, il ne faut pas les endiguer de parti-pris pour en arrêter le cours ; elles s'accumuleraient jusqu'au jour où tous les obstacles qu'on leur opposerait disparaîtraient.

L'*Internationale* bat en brèche la digue sociale ; c'est un torrent de la montagne gonflé de tous les détritus qu'il a entraînés dans sa course rapide. Les eaux coulent sur un lit sans fond !...

Nous, creusons un vaste lit aux canaux du pro-

grès : que nos écluses ne servent qu'à hausser, avec
sécurité, les nivaux intellectuels auxquels les tor-
rents ne sauraient atteindre et, avec ce dérivatif
puissant et nécessaire : l'*instruction*, nous verrons
ces eaux s'absorber d'elles-mêmes dans le sol où
elles laisseront un limon fertile puisqu'elles nous
poussent à *une véritable Internationale.*

Notre Internationale veut l'arbitrage entre les
nations, leur autonomie, leur liberté. Elle ne veut
pas mettre l'*instruction*, la *discipline du* « mot
d'ordre » en cerveaux — comme on met du vin
en bouteilles. — Elle veut qu'on pense librement
et qu'on agisse de même d'un bout du monde à
l'autre. Elle veut la concorde pour tous, le droit
pour tous. Elle s'inspire de la vraie démocratie
qui unit tous les intérêts dans une même étreinte,
dans une même protection, sans les distinctions à
la fois anti-démocratiques de patrons et d'ouvriers
et contraires aux intérêts du *travail*, à la production, à la richesse générale.

Quand nous disons les *classes*, il ne faut voir
dans ce mot que l'expression d'un « état de langage », amené par *un état social variable.*

Loin de vouloir augmenter le nombre « des
classes sociales », nous voudrions les réduire à une
seule : La nation dans l'humanité !

Dès lors, qu'on nous pardonne si nous nous
refusons à enregistrer comme le fruit légitime

de notre ère le « quatrième état ». Son existence n'est qu'une disjonction bâtarde et temporaire entre les *ouvriers* « patrons et employés » et cette disjonction ne peut que nuire *au travail* et à ses résultats bienfaisants.

Le grand mouvement de rapports qui met aujourd'hui les hommes les plus éloignés en contact d'intelligence, en communion d'idées, fermente aussi dans le peuple ; déjà il exerce sur lui cette influence spéciale de répartition générale de tous les biens réservés à l'homme par la Providence, dont les ressources inépuisables doivent être accessibles à tous, afin que chaque individu, ayant puisé à la richesse commune, contribue à son tour à la richesse des nations.

C'est ainsi que doit se comprendre le grand, l'immense, l'indéfini de la puissance de l'homme en *union*, en *société*, en *corps*.

Ces considérations générales dominent tellement notre sujet, qu'elles s'y retrouvent sous toutes les formes, qu'elles y percent sous tous les replis de la pensée et cela, parce que nous sommes pénétrés du mouvement des esprits vers une transformation qui serait en même temps une métamorphose heureuse dans le travail si, comme cela est possible, cette métamorphose s'opérait avec entente, par suite des lois naturelles d'évolutions qui régissent les sociétés comme les individus.

Il serait fatal que les principaux intéressés ne voulussent point se rendre à l'évidence et que leur aveuglement provoquât des crises, des maladies, là où il ne devrait y avoir qu'une fonction naturelle de la société allant du mieux au bien.

LES VOISINES

LES VOISINES

— Te rappelles-tu, Louise, le jour de notre mariage?

— Si je m'en souviens, Marie! Vingt ans se sont écoulés et j'y suis comme nous voilà. Les heures sacrées ne s'effacent pas de la mémoire : tout tombe dans l'ombre et l'oubli autour d'elles, mais elles brillent à nos yeux en traits de feu..... Toutes deux nous quittions l'atelier pour le ménage ; c'était fini des joies insoucieuses ; la vie consciente allait commencer heureuse et sérieuse à la fois. Tu épousais ce bon et brave Pierre, je devenais la femme d'Henri. La paire de camarades prenait pour compagnes la paire d'amies, nous restions inséparables, c'était gentil et, vrai! si c'était à refaire, je recommencerais!...

— Et moi donc, Louise! Dame! Il a fallu lutter;

le pain parfois a été dur, et noir, il n'a jamais été
amer, car nous n'avons point mangé le pain de
la honte..... Dans les moments critiques, *la bonne
femme* (1) nous répétait : Tant que la conscience
n'est pas chargée, les privations semblent légères ;
quand elle devient pesante, toute peine devient
cuisante.

— Ta mère, ma chère Marie, l'avons-nous re-
grettée!... Voilà une sainte et digne créature ! Non
contente de penser aux siens, elle était la providence des faibles, des infortunés. Loin de me re-
jeter parce que j'étais orpheline, privée de soutien,
étourdie comme une linotte, elle t'a dit : Emmène
cette jeunesse chez nous, elle ne peut rester seule
au monde, tu partageras ta couche avec elle, je
lui donnerai mon avis, il faudra bien qu'elle
marche droit... Je lui dois tout, vois-tu, bonheur,
honneur, mari, enfants... Sans elle, trop d'embû-
ches étaient sous mes pas, je succombais, je rou-
lais dans la fange dorée, puis dans la fange immonde... Mes pauvres petites... Tiens! à cette
pensée, je pleure malgré moi !

— N'en est-il pas de même pour moi, Louise ?
Son exemple me guide encore ; je la vois, je l'entends, elle n'a rien perdu de son autorité. Si une
difficulté se présente, elle m'aide à la trancher.

(1) En Anjou, la grand'mère, la femme d'âge, d'expérience.

Son caractère fier et droit s'impose à mon esprit et détermine mon jugement. Je ne balance plus quand je songe : — Elle eût fait cela.

— Tu traduis mes impressions.

— Ce qu'il y avait de singulier dans l'influence exercée sur nous par la bonne femme, c'est qu'elle ne semblait pas prendre souci d'en avoir. Jeunes filles, elle évitait de nous commander ; femmes, elle nous laissait les plus libres du monde ! Sans nous raisonner, elle savait d'un mot nous mettre à la raison.

En suivant ses idées, nous croyions suivre les nôtres, parce que sa vertu trouvait un écho dans notre âme.

— Oui, Marie, tu parles d'or, mais ce n'est pas à toi que s'adressent tes paroles, tu étais née une seconde mère Jacques, tu n'avais qu'à te laisser aller pour suivre ton modèle.

Mais moi, mes instincts avaient besoin d'être tantôt stimulés, et tantôt réprimés... Il fallait qu'elle fût d'une nature bien lumineuse pour éclairer ma conscience troublée par des pensées contraires. C'était comme un éclair magique pénétrant dans mon être, quand elle répondait d'un ton bref, par une phrase tranchante à mes sornettes et, aujourd'hui c'est de même, grâce au souvenir. Si je m'écarte du chemin tracé par ma bienfaitrice, je crois sentir les traits acérés de son accent narquois pénétrer dans ma chair. Ah ! comme cela cingle *plus dur* (1) qu'une lanière.

— Autant que toi, j'ai dû faire effort sur moi-même. Tu attendais l'expérience des autres en fredonnant une chanson, j'étais née pour agir, pour aller de l'avant comme on dit. Ni Pierre, ni ma défunte ne me retenaient; nous nous ressemblions trop pour nous servir de frein. Alors, nous avons eu de rudes assauts à supporter. Ce n'a pas été rien de devenir prudente sans cesser d'être brave, avec un mari dont la devise était : « Fais ce que dois, advienne que pourra. » En somme, je n'ai pas eu à me plaindre. Partie de bas, après la première année de bonheur sans mélange de mon jeune ménage, j'ai eu mes trois enfants coup sur coup; la maladie de Pierre; l'invasion allemande souveraine misère! Et je suis restée debout. Ce qui semblait devoir déterminer notre ruine, a été la cause de notre prospérité.

— Tu l'oublies, les gueux ne se ruinent pas!

— Follette! Il n'est si pauvre hère qui ne se puisse ruiner, si, de l'état d'indépendance où il suffit à ses besoins, il passe à l'humiliation de tendre la main pour se couvrir d'une nippe ou apaiser sa faim, s'il se dégrade jusqu'à sacrifier ses principes pour obtenir sa pâture!

(1) Locution angevine.

— Grand Dieu ! Tu as l'énergie de la mère Jacques. Tu évoques le passé avec ses paroles vibrantes. Il est là sous mes yeux, tantôt frais doux, tantôt fiévreux, agité, parfois terrible. Peut-être est-ce bon de se remémorer d'autrefois, de se livrer à ce reflux de pensées qui veulent remonter vers leur source?... Suivons-les, Marie... Oui, suivons-les...

— Eh bien, après un an de ménage, je donnai le jour à mon premier fils. Pierre et moi nous nous étions promis que ni l'appât d'un gain supérieur à celui dont se payent les soins d'une nourrice, ni la perte de notre liberté, ni le sacrifice de nos plaisirs, ne me détourneraient d'allaiter. Je réussis, mon lait était bon, Charlot devint superbe. Mes clientes mettaient de la complaisance à faciliter ma tâche maternelle, mes ouvrières travaillaient avec une ardeur dans laquelle perçait l'affection, le petit les avait attachées à nous, elles étaient comme de la famille. Loin de diminuer, le bien-être s'accrut au logis, le bonheur se transforma, s'épura ; à l'amour, s'était joint un sentiment indéfinissable d'estime et d'admiration réciproque. Pierre m'entretenait des œuvres de confraternité dont il faisait partie ; il me montrait leur but, leur utilité. Il avait une passion pour tout ce qui se rattachait aux intérêts ouvriers. Il étudiait ces questions dans de gros livres, mais les solutions données ne le satisfaisaient pas. Il trouvait les unes exagérées dans leurs exigences, les autres sans portée, ne résolvant rien. Son esprit travaillait nuit et jour ; ce travail me semblait sacré, aussi l'y encourageais-je. Quand il rentrait le soir, nous causions du sujet de ses préoccupations devant nos ouvrières ; elles disaient leur mot, fort juste, parfois. Si vous veniez, vous preniez part à la consultation, mais à vrai dire, c'était le plus souvent, pour répondre : Amen ! car, ton bon mari et le mien étaient deux têtes dans le même bonnet, toi facile à endoctriner. Les hommes se lançaient dans des projets de formation de sociétés nouvelles ; à la fin ça te semblait monotone, tu t'assoupissais. Pour te réveiller, je bâtissais des châteaux en Espagne, et, vite, tu apportais ta part de matériaux ; tu étais grosse, tu aurais une fille, elle épouserait Charlot : le coquin te souriait déjà comme à une future belle-mère.

— Je t'admirais et n'eus pas la sagesse de t'imiter... Je mis en nourrice (1), le fruit de mes entrailles.

— Tu étais si jeune !

— J'étais de ton âge.

— Ton mari était fier de ta beauté, il aimait la

(1) On appelle nourrice une gardeuse d'enfants qui fait usage du biberon pour alimenter le jeune être.

société, les promenades faites ensemble, les plaisirs mondains, le spectacle, la danse.

— Mon mari m'eût sacrifié tout cela avec joie. Je voulais jouir de mes vingt ans sonnés, voilà le vrai.

— Tu mis la petite chez une femme excellente, tu l'allais voir chaque jour... Tu ne peux t'accuser du dénouement fatal... Cette malheureuse maladie eût emporté ta fille chez toi... Il y a des coups qu'on ne peut éviter...

— L'endroit était humide : d'un côté la Maine, de l'autre les murs du château, les rochers suintants. Si l'on venait du dehors, on était saisi par une fraîcheur mortelle. Elle est morte par ma faute, tu le sais mieux que moi, toi qui m'avais fait d'inutiles représentations pour m'engager à nourrir.

Ah! je pleurai, mais les pleurs ne rendent pas la vie à ces petits êtres sortis de nous... Je devins enceinte de nouveau et résolus d'éviter les inconvénients de la ville. Je cherchai une nourrice à la campagne et mes informations m'en firent découvrir une à Montreuil. On me dit que c'était une femme propre et honnête ayant l'habitude de *son état*, elle en était à son trentième nourrisson. Je fus frappée d'admiration par ce nombre d'expériences; je n'hésitai pas à conclure le marché!... Paul, mon seul fils... beau comme le jour, on l'emporta...

Quand je fus remise, j'allai l'embrasser. Nous partîmes de grand matin, je cueillis des fleurettes le long de la route et les mis sur le berceau de mon Paul. Je le pris des bras de la nourrice et lui chantai mes plus doux airs. Que la journée me sembla courte et la semaine interminable !

Chaque dimanche j'achetais des douceurs pour la nourrice. C'était une bonne femme ; elle était fière de son nourrisson ; les bourgeois de Montreuil lui en faisaient compliment, elle ne ménageait pas le savon pour entretenir propres les belles robes et les tabliers blancs...

Un dimanche de juin, je portais un amour de chapeau de paille d'Italie, mon cœur était en fête à la pensée d'en coiffer mon enfant... Il était endormi... On le réveilla... j'eus beau lui chanter toutes mes chansons, il resta triste... La nourrice le pomponna comme un bijou, lui fit manger sa bouillie, mais il la rejeta de suite. La mère Jeanne prétendit que c'était bon signe.

La Mayenne était superbe, les fraisiers en fleurs embaumaient les pentes boisées ; l'air charriait l'ivresse dans les veines ; Henri me trouvait belle.

— Ton enfant te pare encore, me disait-il, je ne t'ai jamais vue si jolie.

Le soir les haut-le-cœur ayant repris, je consultai l'oracle. Fallait-il envoyer chercher le médecin ? Revenir le lundi passer la journée à

Montreuil? Certes nous *régalions* tous les diman-
ches, mais le dimanche est jour de fête. *La semaine,* il faut reprendre ses occupations, on ne
peut toujours beurdiner (1) avec les jeunes gens de
la ville. Paul commençait à *faire ses germes de
dents,* il était précoce, voilà tout. On ne peut élever un enfant sans ces misères. Je ne savais donc
rien de rien que je ne connaissais pas le proverbe :
Bel enfant jusqu'au dents! A elle, on ne pouvait
en remontrer, n'était-ce pas le trentième marmot
qui lui passait par les mains? D'ailleurs son
homme viendrait nous prévenir s'il y avait quelque chose de nouveau.

Le dimanche je ne fus pas longue à ma toilette.
Henri m'attendait. Nous n'avions pas osé nous
montrer inquiets après les assurances de la mère
Jeanne; mais, au fond, nous n'étions pas tranquil-
les. Cependant, malgré ma hâte d'arriver, j'avais
cueilli une *gerbe* de marguerites. Nous entrons,
j'écarte les rideaux; Paul était blanc comme les
fleurs, je pousse un gémissement et tombe à genoux. Une voix me crie : Il est perdu! La nourrice
cherche à me faire prendre le change; je ne
l'écoute point. — Pars! dis-je impérieuse et sup-
pliante, pars, cours, Henri, ne t'arrête pas, et ra-
mène un médecin... dis-lui... ah! ma tête s'égare!...

(1) En Anjou, s'amuser à des niaiseries.

Apportez des remèdes... Mon Paul est perdu !...

Quand le docteur examina le *moribond*, devant ma douleur, ma jeunesse, il hésita... je compris.

Nous couchâmes à Montreuil; le lendemain nous n'avions plus d'enfant. On mit les marguerites sur la tombe...

— C'était encore là un malheur auquel on ne peut échapper.

— Le médecin a avoué à mon mari que ce bel enfant mourut d'une maladie d'intestins; la nourrice l'avait fait manger trop tôt.

— Ce n'était pas ta faute.

— Tu m'avais avertie.

— Pas assez clairement... Moi-même j'ignorais jusqu'à quel point il est bon d'allaiter son enfant. Je m'étais fait une idée de la maternité, voilà tout. Elle m'était apparue *grave comme le devoir*. Toi, tu tenais à captiver de plus en plus ton mari. En devenant nourrice, tu craignais de le voir moins amoureux de ta beauté; tu gagnais de bonnes journées chez toi; naturellement je te réservais la besogne la plus fructueuse, beaucoup eussent fait de même sans jamais s'accuser d'avoir manqué en quoi que ce fût à la raison.

— Je m'accusai cependant et faillis succomber au chagrin. Sans ton amitié et celle de ta bonne mère, je ne me fusse pas relevée. Vous fûtes ma Providence terrestre. Je redevins mère, et, eette fois, éclairée par de si douloureuses expériences, je t'imitai. Il faut avoir été nourrice pour comprendre qu'allaiter c'est être doublement mère.

Cependant Charlot n'avait que vingt mois quand nous reçûmes Emile et lui fîmes fête comme à son aîné. Tu ne te décourageas pas; tu fus admirable et ta mère nous partagea ses services. Nos deux maris étaient en adoration devant leurs femmes. La tendresse d'Henri était devenue grave; je me sentais non seulement bien aimée, mais saintement aimée par mon cher mari, depuis que j'avais rompu avec la frivolité de mon caractère pour me consacrer à notre enfant.

Il ne m'appelait plus sa chère petite femme, mais sa chère petite maman. Il ne voulut pas me voir continuer mon état de couturière; il gagnait assez pour trois, disait-il. Tu ne me fis jamais sentir que tu tirais l'aiguille de plus belle depuis ta double maternité. Ta mère, loin de t'être une charge, t'apportait des légumes et des fruits de sa boutique, tu aurais pu te borner à élever Charles et Emile si tu n'avais songé qu'au présent, mais tu pensais plus loin que cela. Non seulement l'avenir te préoccupait, mais tu ne voulais laisser manquer de rien le père et la mère de ton mari, et ils étaient d'une grande dépense. Quand Pierre te voyait travailler du matin au soir sans te plaindre, envoyer des *faix* de provisions chez les bonnes gens, un jupon à la mère, des chausses au papa, il ne savait s'il devait admirer ou gronder. Tu lui fermais la bouche : Ce sont tes parents, ce n'est ni à toi, ni à ta femme de dire qu'ils sont imparfaits, ils t'ont donné le jour, nous leur devons l'existence et le respect. Pierre ne soufflait mot et une larme mouillait ses yeux.

Enfin comme le grand *gas* (1) allait à l'asile et que maître poupon se tenait seul debout, il fallut sevrer. Tu étais enceinte. Le petiot eut nom Benjamin pour que rien ne semblât lui reprocher d'être cause de peine.

Cette fois c'était une rude besogne de pourvoir à tant de besoins. Pierre devint songeur; son patron lui donna du travail au marchandage; il prit des ouvriers avec lui, ses journées s'élevèrent sensiblement. Tu ne renvoyas pas tes clientes pour cela et bien t'en prit.

Je venais de donner le jour à ma Julie. Tu m'avais prodigué les premiers soins, je pouvais commencer à reprendre mon train-train de ménage. Un soir, Henri rentre, le visage défait... je l'interroge, il ne voulait pas me répondre, enfin, éclatant en sanglots, il s'écria : Pierre est blessé! au lit pour six mois au moins... Dans un état affreux; pauvre Pierrot... Je m'évanouis.

(1) Garçon.

Quand je repris connaissance, le père mit les mignonnes sur ma couche et me supplia d'être calme et forte pour elles. Un garçon comme Pierre était aimé, estimé; chacun veillerait à tour de rôle et donnerait son temps, ses soins; les souffrances passeraient et Pierre se consolerait de son malheur en comptant ses nombreux amis... J'eus la fièvre, la petite en ressentit les effets. Henri se surpassa, sans donner un signe d'impatience contre ma faiblesse; il fit le ménage, fut garde-malade et bonne d'enfant. Tu le sais, il trouva moyen de ne pas manquer à un pansement de ce pauvre Pierre. Enfin, j'eus honte de moi, je m'exhortai au courage; je me dis que c'était indigne d'augmenter l'embarras de tous, je me remis debout et mon mari put reprendre ses occupations. Il était temps. Nous n'avions plus d'avances et tout à l'heure nous étions en retard...

Je regrettai mes journées d'ouvrière : Qui veut la fin, veut les moyens, me dis-je. Maria fut mise à l'asile avec son petit mari Charlot. Je me démenai et, quoique nourrice, j'eus la satisfaction de pouvoir enfin t'être bonne en quelque chose, d'empêcher les clientes de te faire faux-bond quand tu avais le plus besoin qu'elles te demeurassent fidèles. Du reste ton courage était vraiment surhumain. Nourrice, le nourrisson était pourvu de lait, propre et bien tenu; garde-malade, ton dévouement était admirable ; ouvrière, tes pratiques étaient satisfaites.

Les parents de ton mari, sous prétexte de venir s'informer de leur fils, voyant que rien ne lui manquait, ne se faisaient pas scrupule d'emporter une bouteille de vin vieux, laissé par un camarade.

Six mois, c'est long... Tu étais fière et ne laissais rien transpirer de ta gêne. Les amis tenaient compagnie, soignaient et apportaient des douceurs. Le délégué de la société de ton mari te remettait chaque semaine le montant du secours alloué de droit à chaque sociétaire malade ou blessé ; pendant les trois premiers mois 1 fr. 50 par jour, le deuxième trimestre 1 fr. 25, puis un franc. C'était peu ! Qu'il te fallait tirer l'aiguille pour compléter le nécessaire, ta mère et toi épuisâtes vos ressources. Vos dorures (1) furent engagées. — Ce fut un rude coup pour moi. — Je regrettai ma futilité passée, mes enfantillages, mes dorloteries, mes laisser-aller, à voir Henri pourvoir seul à tous nos besoins. Mon cœur se fondit de tristesse de ne pouvoir aider de mon gain, mon amie, ma sœur en cette extrémité !...

— Pauvre Louisette ! Elle ne faisait rien, non rien pour son amie ! Seulement elle se levait avant

____

(1) Les bijoux.

l'aube, mettait son ménage en ordre, préparait à manger, soignait et habillait ses filles, conduisait ma bru et son gendre à l'asile, revenait s'installer chez moi, où elle s'en donnait à merci de débarbouiller les poupons et, deux fois sur trois, de partager son lait entre Julie et Benjamin, car, il faut bien l'avouer, je n'étais pas une fameuse nourrice! Ah! pauvre Louisette, elle doit être bien chagrine de penser comme elle a agi durement avec sa sœur d'adoption. Ah! bien chagrine en vérité!

— Tais-toi, moqueuse!

— Et encore, il fallait voir comme, grâce à elle, on se fût miré dans mes meubles, comme elle était avenante et gracieuse pour les belles clientes venant demander qu'on leur fît robe ou manteau. comme elle déployait gentiment les gravures et s'extasiait sur la façon merveilleuse dont cette forme nouvelle siérait à la taille svelte de madame!... L'enjôleuse!... jamais je n'eus tant d'ouvrage.

— Il en fallait!

— Sans doute l'allocation de la société de prévoyance faisait plaisir; sans doute les médecins ne coûtaient pas un sou; celui de la société, c'était de droit; ceux qu'il s'adjoignit ne voulurent rien recevoir disant qu'ils s'arrangeraient entre confrères pour s'entr'aider dans des circonstances analogues. Mais dans ce temps-là les secours mu-

tuels ne s'étendaient pas aux remèdes comme cela est généralement aujourd'hui. Il fallait se faire délivrer un certificat d'indigence pour les avoir à la petite pension (1) et je ne pus me résoudre à cette extrémité.

Les médecins devinaient mes tourments et firent tout pour les alléger. Mon Pierre, jeune, fort, intelligent, presque broyé sous une roue d'engrenage, excitait au plus haut point leur pitié. C'était entre eux une émulation de ne pas seulement rendre à la vie un pauvre mutilé, mais de refaire un homme sain, capable de se tirer d'affaire. Ils se liguèrent pour accomplir cette bonne œuvre et, si je ne l'eusse su à l'avance, j'eusse été bien en peine, devant ce zèle unanime, de deviner lequel de ces hommes de l'art était tenu de donner des soins à mon mari. C'est grâce à ce premier concours de la science que je dus de n'être pas veuve. Mais qu'eût été la science si elle n'avait été secondée par le dévouement inaltérable des compagnons de mon Pierre? Hélas! Il faut bien l'avouer, elle fût restée impuissante! Nuit et jour il fallait être là et cela ne dura pas des semaines, mais des mois. Quelle reconnaissance ne dois-je pas à nos bons amis!

La convalescence commença. Une heure par

(1) Dispensaire pharmaceutique du bureau de bienfaisance.

jour on leva le blessé, puis on le traîna sur le boulevard dans une petite voiture d'infirme; enfin on le conduisit à la société où on lui fit une ovation. On me le ramenait ragaillardi de ces promenades. On continuait à venir causer le soir; le mieux allait lentement mais progressivement, rien n'enrayait sa marche.

Au bout d'un an, Pierre fit sa première visite à ses patrons ou plutôt il leur rendit celles qu'il en avait reçues. On l'accueillit bien; — ses outils l'attendaient; on serait heureux de le revoir à l'atelier à sa place ordinaire.

En toutes choses il faut savoir être juste. Pierre avait été victime de son imprudence, ou plutôt, à force de s'être familiarisé avec le danger, il ne le connaissait plus. Il arrive un moment où la raison du travailleur s'égare, l'outil lui paraît un être vivant doué d'intelligence, il le traite comme tel et il est saisi par la réalité brutale! Heureux s'il ne paye de sa vie cette sorte de fascination de la matière sur l'homme.

Dans ce cas, les patrons, rigoureusement, ne lui devaient aucune indemnité, même, selon le droit strict, il leur avait porté préjudice. L'engin qui avait failli le tuer avait été brisé, on ne lui parla jamais de ce bris; on le réconforta de bonnes paroles; on le mit à même de puiser dans la caisse à titre d'avance sur son travail futur, et, j'ai tou-

jours pensé que c'était là une façon délicate de le
secourir en cas de besoin sans blesser ses sentiments d'indépendance bien connus, et, il faut le
dire, bien appréciés. Enfin il put, petit à petit,
reprendre ses journées. Ce n'était pas trop tôt car
le linge, ma toute belle, avait suivi les bijoux.

Pour tromper ton · affectueuse surveillance,
j'avais enveloppé de serviettes des paquets de
journaux et t'avais dit négligemment que je met-
tais à l'abri de la poussière, au fond de mon
armoire, la réserve dont je ne me servais pas, les
petites piles du devant durent suffire à notre
entretien. Ma mère aussi ignora ce détail qui lui
eût percé le cœur, car chaque pièce de mon trousseau était de bonne toile de façon, vraiment inusable et commandée par elle chaque année à mon
intention.

Il me fallut trois ans de laborieux efforts pour
faire rentrer au logis toile et bijoux. Il fallut à
peu près le même temps à la bonne femme pour
accomplir le même prodige, car cela en était un.
Rien n'est plus difficile à l'ouvrier que de combler
un déficit. Quand il est en arrière il lui faut une
volonté inébranlable pour se remettre à flot.

Pendant son inaction forcée, Pierre avait beaucoup réfléchi. Sa physionomie n'était plus la
même ; ses camarades crurent que le mal l'avait
changé ; mais je m'apercevais bien que la pensée

et non la souffrance creusait certains sillons, se gravait extérieurement sur son beau visage ; à force d'avoir pris possession de son âme, elle était répandue dans toute sa personne et lui donnait une nouvelle expression grave et recueillie. Ce n'était plus le joyeux luron, la tête haute et le sourire avenant. Un air méditatif, le front penché, un pli entre les sourcils accusaient la tension constante de l'esprit. Des idées de réformes le hantaient sans cesse. Il s'ingéniait à améliorer les choses existantes, et, de l'amélioration, il passait à la création. Il avait été particulièrement ému de l'urgente nécessité de pourvoir aux charges du chômage par suite d'accident. A qui devait incomber l'obligation de secourir le travailleur réduit à l'impuissance par le fait du travail ?

1° Ces accidents pouvaient se produire indépendamment du patron et de l'ouvrier, c'est-à-dire des conditions vicieuses dans lesquelles l'ouvrier est parfois contraint d'accomplir un travail, avec de mauvaises machines, dans un emplacement mal aménagé, etc., tous faits dus à l'impéritie, à l'incompétence du patron, ou à des maladresses, à des imprudences commises par l'ouvrier lui-même. Quand ni l'ouvrier ni le patron ne sont coupables, me disait-il, il y a *un être inerte, un inconnu* qui devrait intervenir. Cet être, quel est-il ? Et il s'attelait à sa recherche.

D'une part, le patron semble devoir être exonéré des charges ne résultant pas de son incurie ou de sa soif de richesses. Il n'est pas *coupable personnellement*. Il ne peut être condamné à une *réparation personnelle*. Cependant un fait regrettable a eu lieu chez lui, au préjudice d'un travailleur, jusqu'à un certain point sous sa responsabilité, car s'il n'eût pas eu *d'atelier*, le travailleur ne se fût pas blessé. C'est donc *l'atelier*, possession du patron, qui est coupable.

D'autre part, l'ouvrier n'a commis ni imprudence ni maladresse, cependant il a été blessé dans *l'exercice de son état*, dans *l'action du travail*. L'homme n'est pas coupable, *l'action du travail* est seule cause de l'accident, donc il résulte que c'est *le travail qui est coupable*.

Nous sommes en présence de deux responsabilités singulières :

Atelier, outil, choses inertes ; *travail, action* indépendante dans l'espèce de toute responsabilité morale, *comme* l'outil *lui-même,* car *la main* est *l'outil naturel,* et *l'instrument* une *main artificielle* destinée à agrandir l'action de la main. Celui qui manie *l'outil primitif* et celui qui *manie l'engin qui lui a succédé* sont dans le même cas au point de vue des *responsabilités*.

Un bûcheron, à grands coups de hache, coupe un arbre de la forêt. Il ébranle un arbre voisin frappé par la foudre; cet arbre tombe sur lui et l'écrase. Contre qui aura-t-on recours pour payer les frais de l'accident?

Le bûcheron est blessé sans avoir commis de faute, dans la simple *action du travail*. Il n'eût pas été blessé s'il fût demeuré *oisif*. Il n'eût pas été non plus blessé s'il n'y eût pas eu de forêt. Mais en toute justice, peut-on *accuser* le *proprié- taire du bois* ou le *propriétaire* de son travail, autrement dit *le bûcheron?* Mille fois non! Cepen- dant il y a là un homme *réduit à l'inaction* par le fait même de son action et de la foudre, mais ce genre d'assurance n'entre pas dans notre cadre. Il semble donc que le travail *soit le coupable.*

Le travail serait-il ce terme mixte cherché? Peut-être bien. Mais, ce n'est pas tout.

Si, ni l'ouvrier en cause, ni le patron ne sont coupables, que ce soit *le travail*, il faut se deman- der à qui *profite le travail*, car c'est *là* où il y a profit qu'on peut trouver des ressources pour parer aux dépenses. Or logiquement le travail *profite à l'ouvrier* et au *patron*, cela ne fait de doute pour personne. Il n'y a plus qu'à établir des *proportions.*

Mais, si ce n'est pas *personnellement* que l'ou- vrier et le patron sont *coupables*, ce n'est pas non plus *personnellement* qu'ils doivent être *punis.* *L'assurance mutuelle des deux facteurs du travail* peut seule parer avec *justice* aux *éventualités* du *travail quant à ses accidents.* Cela ne fit tôt plus de doute pour Pierre ; il répétait : C'est évident! c'est évident. Et il restait pensif.

— Pourquoi, si tu as trouvé, lui dis-je, cherches-tu encore ? — C'est, me répondit-il, qu'à côté de ce qui saute aux yeux, il y a des choses non moins certaines qu'on ne peut saisir. On les sent, on ne les voit pas ; on met la main dessus, elles vous échappent. Dans mon problème il y a deux *facteurs* et un *inconnu.* J'ignore l'algèbre et ne sais comment traiter cet *x* auquel je m'obstine à vouloir donner un nom ; à force de chercher je finirai peut-être par trouver. Le mythe s'interpose entre tous mes raisonnements ; ce serait dur de renoncer à lui voir prendre un corps ; aussi je ne puis m'y résoudre. Qui ne comprend que *certaines justices trop rigoureuses sont injustes !* C'est ce qui arrive à ma conclusion sur la double responsabilité pécuniaire du patron et de l'ouvrier et à *l'assurance mutuelle basée sur ces deux termes.* A qui profite le travail ? ai-je-dit. *Aux deux intéressés directs.* Mais ne profite-t-il qu'aux intéressés directs ? *Direct,* le mot se trouve naturellement dans ma bouche et me donne ma réponse. *Le travail profite à des intéressés indirects.*

Qui perçoit et centralise la somme de tous *les intérêts indirects* ou *généraux ?* si ce n'est l'État.

Mon mythe, *c'est l'État !* Et, timidement, j'avance que l'État doit arriver en tiers dans les *assurances mutuelles* contre *les accidents du travail.* Quand je dis en tiers, je veux seulement exprimer l'idée d'une *tierce personne* et non établir une mesure de proportion. De même cette question de mesure reste tout entière à résoudre entre le patron et l'ouvrier d'une façon mathématique, en appréciant la part d'apport, de gain et de charges de chacun. Le *patron* a un *capital, argent, outils, matériel* et *talent.* L'État perçoit des impôts sur l'industrie, sur le travail, il est solidaire par le gain, il doit l'être par les charges. Déjà il l'est effectivement car il perçoit l'impôt sur l'industrie et le travail; il est chargé d'assurer la sécurité générale et les bonnes conditions économiques dans lesquelles le travail peut se produire avec fruit.

Tout cela est simple et rationnel. Le patronat n'est pas grevé de charges étrangères à état de patron et l'ouvrier est subventionné *en sa personne individuelle* sans que sa dignité ait à souffrir, car on répare les fautes du travail et non celles du travailleur en le secourant et, s'il a reçu, comme blessé, il a versé à la caisse comme travailleur, ainsi que son patron, à toute éventualité.

L'État en faisant sa part n'a fait que rendre une parcelle du fruit du travail à l'accident du travail.

Ce qui est sorti de la rivière y rentre, rien de plus juste.

2° Les accidents du travail causés par l'incapacité ou toutes autres fautes involontaires du *patron* ou de *l'ouvrier*, doivent-ils être complètement à la charge *du* ou *des* coupables ? Je ne *le* pense pas, disait-il.

Doivent-ils être confondus avec ceux susénoncés ? Cela est impossible à admettre. Il *faut changer les proportions de l'assurance* et les faire varier selon que c'est l'un ou l'autre *des facteurs qui* est *en faute*, en se basant sur une moyenne d'accidents. Si l'accident en thèse générale est du fait de l'ouvrier, l'ouvrier payera 10 par exemple, le patron 10 et l'État 5 ; s'il résulte du patronat, le patronat payera 15, l'ouvrier 5 et l'État 5. *L'ouvrier* et le *patron sont* deux *termes égaux* dont le résultat est *le travail.*

C'est toujours *le travail* qui est *l'objectif.* —C'est toujours *l'ouvrier* qui *est secouru ;* mais il participe plus ou moins aux charges du travail, selon que c'est l'un ou l'autre des *termes du travail* qui se trouve être le délinquant.

L'État n'a qu'un poids et qu'une mesure entre ces deux termes de même valeur, aussi sa participation ne change pas.

Telles étaient les bases paraissant équitables à mon brave Pierre pour ne pas *séparer les intérêts divers du travail* et garder à chacun sa *responsa-bilité* ou *personnalité.*

Il confiait la gérance de ces intérêts à des hommes compétents, sous le contrôle de l'Etat, mais évitait des rouages administratifs embrouillés.

Quand je voulais le distraire de tant de pensées absorbantes, il s'en plaignait doucement. Ce que tu crois être des songes creux, faisait-il, a une importance capitale non seulement pour la *prospérité* de l'*ouvrier*, mais pour celle de la *patrie tout en-tière*, car de l'*harmonie des intérêts particuliers résulte* l'*harmonie* des intérêts *généraux* et la solution toute cherchée d'un *bon état économique.*

Quand on travaille pour soi, sans égoïsme, on travaille pour tous, et quand on *travaille pour tous,* sans se perdre en de vaines contemplations, on travaille aussi pour soi plus fructueusement que si on se fût borné à gagner le pain quotidien. Tout est là pour moi : L'*individu conscient,* tra-vailleur et probe fera l'*état prospère* et *stable que nous rêvons.* La *femme digne, laborieuse, éclairée* nous soutiendra dans *la bonne voie* et *tracera le chemin* de la *vertu* à nos *fils.*

Mon cher mari! Je devenais moi-même sérieuse à son contact. Quand il me quittait le soir pour se rendre à quelque réunion où se discutaient les fa-meux intérêts généraux, je ne murmurais pas ; au contraire, je lui disais : Va, va et que Dieu nous soit en aide. — Il était bien naturel que je fusse le disciple de cet apôtre.

Souvent tu venais me prendre, nous faisions un tour de promenade avec nos enfants sous les beaux tilleuls du boulevard. Toi aussi, ma bonne Louise, tu ne te ressemblais plus depuis la maladie de Pierre. Tu ne cherchais plus à retenir Henri sans cesse à tes côtés; tu le laissais participer de sa bourse et de son action à ces sociétés de secours mutuels, de plaisirs, de corporations où nos maris, à nous autres ouvrières, loin de passer leur temps en pure perte, s'occupent de mille choses relatives à leurs intérêts et à cette époque encore au-dessus de notre portée, mais dont un terrible événement allait nous faire comprendre l'importance.

La guerre éclata.

. . ..

Nous prenions des soporifiques pour nous endormir dans un repos menteur. Au fond du cratère social, on sentait de vagues inquiétudes, un malaise latent, des trépidations insensibles, des secousses éloignées; on entendait de sourds grondements, des clameurs étouffées, un bouillonnement formidablement refréné par la prudence, la crainte, le défaut d'entente, le manque de liberté.

Quelque chose d'imminent, un danger suprême, un mal inconnu, se dissimulait derrière la confiance officielle.

Tout, jusqu'à l'assoupissement lourd qui pesait comme un marasme sur notre esprit, indiquait qu'un déchirement ne tarderait pas à se produire, — guerre ou révolution. — Les orages ne sont-ils pas précédés d'une torpeur de la nature?

Le péril nous environnait, il prenait à nos yeux les formes de l'inconnu, on ne savait où il éclaterait.

On voulait faire *son devoir;* on se demandait dans quel plateau de la balance mettre sa conscience. Le malaise était évident; mais où était la solution? Dans les « sphères élevées », on décida d'ouvrir une *soupape de sûreté* par où s'épancherait le flot de l'opinion, on imagina la guerre comme dérivatif de l'esprit.

Ah! ma chère Louise, tu te le rappelles: le plus grand nombre donna en plein dans le piège; on chanta avec enthousiasme la réponse d'un de nos poètes *au Rhin allemand.*

> Nous l'avons eu, votre Rhin allemand !
>   Il a tenu dans notre verre.
>   Un couplet qu'on s'en va chantant
>   Efface-t-il la trace altière
> Du pied de nos chevaux marqué dans votre sang?
>
> Nous l'avons eu, votre Rhin allemand !
>   Son sein porte une plaie ouverte
>   Du jour où Condé triomphant
>   A déchiré sa robe verte :
> Où le père a passé, passera bien l'enfant.

Nous l'avons eu, votre Rhin allemand !
  Que faisaient vos vertus germaines,
  Quand notre César tout-puissant
  De son ombre couvrait vos plaines?
Où donc est-il tombé ce dernier ossement?

Nous l'avons eu, votre Rhin allemand !
  Si vous oubliez votre histoire,
  Vos jeunes filles, sûrement,
  Ont mieux gardé notre mémoire;
Elles nous ont versé votre petit vin blanc.

S'il est à vous, votre Rhin allemand,
  Lavez-y donc votre livrée;
  Mais parlez-en moins fièrement.
  Combien, au jour de la curée,
Étiez-vous de corbeaux contre l'aigle expirant?

Qu'il coule en paix, votre Rhin allemand !
  Que vos cathédrales gothiques
  S'y reflètent modestement;
  Mais craignez que vos airs bachiques
Ne réveillent les morts de leur repos sanglant.

Enfin à ces chants, aux cris : à Berlin! nos légions s'ébranlèrent.

Je n'ai pas le courage de retracer la sombre histoire de nos défaites, de rouvrir les plaies à peine fermées de notre orgueil national. Je jetterai en passant quelques fleurs sur le crêpe qui voile ce tableau sanglant pour honorer nos morts vaincus, mais glorieux.

Si le cœur me manque pour suivre nos soldats

étape par étape, ne crains pas, je n'ai rien oublié!

— Ah! je le sais, Pierre et toi vous n'êtes pas de ceux qui peuvent oublier. L'époux et l'épouse ont mérité l'estime publique en montrant que ce n'est pas seulement sur les champs de bataille qu'on peut servir sa patrie, qu'à côté des héros militaires, il y a les héros civils.

L'industrie privée vint en aide à l'industrie de l'État. Ton mari a été, pendant son tour de France, employé dans un arsenal. Il déploie toutes les ressources de son intelligence à former les ouvriers à ce nouveau genre de travail. Les patrons se concertent avec lui ; au reste chacun apporte ses idées, ses lumières ; l'atelier est une phalange serrée, palpitante n'ayant qu'un cœur, qu'une âme ; une volonté suprême. — Tout pour la France.

Le jeune personnel des ajusteurs, tourneurs, fondeurs, modeleurs de l'atelier est réquisitionné pour la fabrication des engins de guerre, la confection des armes étant considérée comme un service de premier ordre rendu à la patrie, équivaut au service militaire et en dispense.

Les chefs de l'industrie de l'État et ceux de l'industrie privée communiquent entre eux.

On se donne de mutuels renseignements ; on fait échange de personnel selon les besoins de la cause.

Les ateliers de l'État sont pleins d'ouvriers de la dernière heure ayant de la bonne volonté, mais manquant d'acquit. Le service militaire des corporations organisées à l'avance, fusionne avec ces nouvelles recrues de la lime et du burin, tout fonctionne avec un ensemble remarquable.

Le capitaine de l'arçonnerie de Saumur est en relations constantes avec l'usine d'Angers; une de ses équipes d'ouvriers est sans chef; nos patrons proposent de céder ton mari pour cet emploi, si ce dangereux honneur ne l'effraye pas. La loi n'a aucune prise sur lui. Il consent par patriotisme. Au reste, jamais peut-être on ne vit semblable fusion des individus, pareil élan à servir son pays dans *la sphère d'action où on était le plus propre à lui donner davantage.* Ainsi, pour l'atelier, nous vîmes partir les dessinateurs, jeunes gens instruits; dans la garde mobile, ils ne pouvaient faire des armuriers, mais ils pouvaient faire de bons soldats. Ailleurs, nobles, prêtres, bourgeois, paysans, ouvriers sont confondus sous la même règle.

Les chefs de la garde mobile, élus au suffrage des troupes, sont pris dans tous les rangs. On ne considère que le courage et la capacité. Te rappelles-tu l'élection du jeune comte de V... comme capitaine de nos régiments de Maine-et-Loire? Il n'avait qu'un concurrent, M. J..., ancien officier d'Afrique. M. de V... est nommé et M. J... pense à part lui : « C'est encore là un reste du prestige qu'exercent les titres nobiliaires sur l'esprit français. » Cependant l'occasion de montrer sa bravoure ne tarde pas à se présenter. Les gardes mobiles de Maine-et-Loire sont inopinément sous une grêle de balles ; les soldats prussiens couvrent la plaine, au loin *le canon tonne et moissonne*.

Tous ces conscrits, inhabiles au maniement des armes, dont un grand nombre se fût cru incapable d'occir un lapin de garenne, tremblaient, il faut bien l'avouer, au bruit formidable de la guerre, à la vue du sang et des leurs fauchés par une main invisible ; ils pâlissent, ils se déconcertent, ne se sentant pas instruits pour ce métier destructeur ; ils sont du moins prêts à mourir sans reculer. M. de V... lit cette impression de doute et de désespoir sur tous les visages ; il s'inspire d'un trait de génie pour relever les courages, l'épée haute, au pas de son cheval, sous le feu meurtrier de l'ennemi ; il passe et repasse sur le bord de la ligne de front de son régiment et dit : « Allons, Messieurs, ce n'est pas plus difficile que cela. En avant ! à la baïonnette ! »

Enthousiasmés, nos frères s'élancent avec une furia vraiment irrésistible ; les Prussiens reculent devant ce choc humain ; nous restons maîtres du champ de bataille. Et, te le rappelles-tu ? Curieux détail, ils n'avaient pas de baïonnettes ces malheureux fusils !

Après l'action, il t'en souvient, l'officier d'Afrique déclarait à qui voulait l'entendre que si parfois « expérience passe science », dans cette affaire M. de V... avait montré que la bravoure personnelle le peut emporter sur la science et l'expérience tout à la fois, car elle fait jaillir du cerveau de véritables éclairs de génie. Qu'il était fier de servir sous les ordres d'un tel capitaine.

— Nous le vîmes bien, Louise, la patrie n'est pas une chimère. C'est elle qui nous animait d'une sainte ardeur en ces jours funèbres. Plus nous faisions de sacrifices pour elle, plus nous avions soif de nous dévouer à sa cause. Dans son malheur, nous tenions à elle comme l'enfant nouveau-né tient aux fibres douloureuses de sa mère. Qui ne donnerait son sang pour la patrie expirante ?

Mon Pierre alla pour elle jusqu'à l'excès du devoir. Chut ! je ne le lui reprochai pas. Non seulement il partit pour Saumur, me laissant avec nos petits et la bonne femme aux prises avec des difficultés de toutes sortes, mais, à l'approche des Prussiens, il suivit le personnel de l'arçonnerie, l'aida à transporter son matériel et à se réinstaller à Bordeaux. Je n'osais pas dire à tout le monde que c'était pour moi une joie de servir mon pays jusque dans la personne de Pierre. Bon nombre, riches et gens instruits, m'eussent blâmée de ce dévouement-là. J'en avais eu la preuve; aussi je me taisais.... Pierre était un soir rentré de l'atelier plus soucieux qu'à l'ordinaire. Qu'as-tu, lui dis-je? Éprouvez-vous de grandes difficultés à faire votre outillage? Car, non seulement il fallait transformer le travail de l'usine, mettre des canons en chantier au lieu de machines, mais il fallait créer un *outillage spécial* qui permît de faire des armes. Non! me répondit-il; si ce n'était que cela, nous nous jouons des difficultés matérielles; mais il est des difficultés morales contre lesquelles tout échoue. Te le figures-tu? La femme d'un membre de *la Défense nationale* a laissé son mari accepter tous les titres honorifiques que comporte cet emploi; la guerre était sans doute une plaisanterie pour elle; son orgueil était flatté de voir son mari parader avec les gros bonnets de la ville; mais aujourd'hui, en face du danger réel, de l'occupation d'Angers par l'ennemi, elle vient de faire partir secrètement les armes de ce malheureux homme à sa campagne, près de Saumur. J'ai été prié par un valet de chambre du logis de sceller l'envoi. . . . .

J'entendais cette femme murmurer avec la rage d'une lionne blessée : « Qu'on leur donne de l'argent, l'argent paye tout; mais mon homme, je le garde! »

J'eus de la peine à ne pas lui cracher au visage que l'argent ne paye pas la honte; qu'elle était infâme de déshonorer son mari. Ah! le pauvre homme, je le plains! Je le vois. L'ennemi se présente, inquiet, il cherche en vain, il se trouble... Rien. Affolé à la pensée d'être pris pour un lâche, il parcourt sa maison, il appelle les serviteurs, les interroge; ils n'osent lui répondre. Enfin, paralysé d'horreur, il apprend de sa femme qu'il n'a même plus sa canne à épée.

Comprends-tu le désespoir de cet honnête homme, de ce brave citoyen devant l'outrage sans nom, de la femelle qui a engendré ses petits avec lui? Ne crains-tu pas qu'il ne l'écrase avant de se brûler la cervelle?

Si tu avais entendu mon Pierre; sa parole était tranchante comme l'acier, et comme il m'embrassa avec effusion. Se reculant un peu, il me considéra avec fierté, puis, attirant nos garçons autour de lui, il se laissa choir sur une chaise, mit Benjamin sur ses genoux et dit gravement: « Mes chers enfants, honorez votre mère, elle ne vous a pas seulement donné le jour, elle a déposé en votre sein le germe de la vertu. Je vais partir, peut-être pour longtemps, peut-être pour toujours; quoi qu'il advienne, tôt ou tard... relevez la tête à la mémoire de vos parents ; c'est là le meilleur héritage que puissent laisser pères et mères. »

Les petits écoutaient avec curiosité. Déjà Charles commençait à saisir le sens de ces paroles. Il allait avoir neuf ans.

Il n'en fut rien des craintes de mon mari à l'égard de ce pauvre citoyen, il ignora toujours quels risques avait couru son honneur. Il vit Madame, la croix des ambulances sur l'épaule, trôner au milieu d'un groupe de femmes du monde organisé par l'évêque pour présider à la distribution des secours à donner aux blessés.

Il semble qu'on devrait provoquer l'initiative privée, forcer les modesties dans leurs retraites et voir aux services rendus avec tact et bonté à qui peuvent être affectées avec justice certaines charges civiques qui sont comme l'investiture d'un sacerdoce. Il n'en va pas de même ; on prend, suivant des présomptions de convenance, des personnes flattées de qualités qu'on leur prête parfois si gratuitement. Les services rendus se ressentent de ce vice d'organisation, car, dans une œuvre de patriotisme et de charité, jamais l'orgueil ne fera ce que le cœur peut accomplir.

Quoi qu'il en soit, le récit de Pierre m'avait mise en garde ; j'étais sur le qui-vive. Je me dis que montrer *tout mon zèle* serait *faire offense* à Mme X... avec laquelle je me trouvai forcément en rapport aux ambulances. Pourrais-je lui cacher mes impressions quand je la verrais, devant témoins, affecter du dévouement à la chose publique, gémir sur des maux qui la laissent indifférente? Je me défiai un moment de tout patriotisme officiel. J'eus de l'aigreur. Le venin du soupçon empoisonna à mes yeux les plus belles actions. Ah ! le mal est une gangrène qui vous ronge, si le bien est un ferment qui vous réchauffe et dilate le cœur. Enfin, peu à peu, je repris confiance et me laissai aller, sans modestie comme sans orgueil, à la pente où mes sentiments m'entraînaient.

Je pus comparer et apprécier les caractères ; des femmes du monde, regardées jusque-là comme frivoles, étaient devenues soudain dévouées et chevaleresques, mettant de côté toute niaiserie ; elles pansaient les blessés de leurs mains fines, avec une adresse incomparable et trouvaient pour eux de douces pensées, des paroles réconfortantes ; elles exaltèrent les services rendus à la patrie par ces pauvres mutilés. Ces oisives ne se souciaient ni des fatigues, ni des veillées, ni des soins répugnants, ni de la contagion, ni de la mort ! Elles allaient toujours et semblaient dans leur élément. Des bourgeoises les surpassèrent en livrant leurs filles au péril de l'épidémie. Deux d'entre elles avaient chacune donné le jour à un ange ; ce n'étaient plus des enfants, à peine était-ce des jeunes filles. Ces charmantes créatures étaient adorées. Nous les vîmes chaque jour aux côtés de leurs mères bravant la fièvre typhoïde.

Des ouvrières comme nous dérobaient de longues heures au soin du ménage, aux travaux lucratifs, et prenaient leur part d'action à l'œuvre commune. Quand on ne pouvait donner ses journées, on donnait ses nuits. On s'entr'aidait entre voisines pour se permettre mutuellement de faire quelque chose pour les enfants de la France. Beaucoup de personnes ne peuvent supporter la vue des blessés ; elles mettent du linge en bandes et en charpie pour eux, et n'en sont pas moins utiles que les infirmières. On accueille toutes les bonnes volontés, toutes les aptitudes, car les besoins sont nombreux et pressants. Une nuit il arrive 1,500 blessés d'un coup. On multiplie les ambulances ; celles de la gare, de l'hôpital, du séminaire regorgent de soldats ; les couvents s'ouvrent ; on offre des appartements, on demande des hommes à soigner chez soi....

La vie était bouleversée ; les plus casaniers avaient rompu avec leurs coutumes sédentaires ; on causait en commun des probabilités de la guerre ; on arrêtait dans la rue des gens auxquels on n'avait jamais parlé, si on les supposait en possession de quelque nouvelle ; on allait à la préfecture prendre connaissance des dépêches ; on les commentait publiquement ; chacun disait son avis ; personne n'était étranger l'un à l'autre ; toutes les classes de la société étaient unies dans un élan sublime. Tous les patriotes, veux-je dire ; les autres faisaient tache dans ce superbe ensemble d'une nation qui veut conserver ses frontières.

On montrait au doigt la famille d'un jeune homme fort ingambe, parce qu'elle avait, à force de protections, obtenu pour l'unique et cher rejeton une place de bureaucrate dans l'administration militaire. Une fois sorti du milieu où il avait sucé le lait de l'égoïsme, le gars s'était aperçu qu'il y avait autre chose que lui au monde. Ses camarades de collège détournaient la tête à son approche ; plusieurs lui refusèrent la main. — Ceux qui ne tombaient pas sous le coup de la loi s'engageaient comme volontaires. — Ces jeunes gens n'ayant pas d'états manuels ne pouvaient être utiles au pays qu'en qualité de soldats... et lui, on l'avait enfermé comme une taupe sous terre pour le mettre à l'abri....

Toujours par protection, on obtient un congé de quarante-huit heures pour l'exilé. On réunit le ban et l'arrière-ban des proches dans un repas où on gémit à la ronde sur les maux déchaînés par la guerre, et on félicita le troupier d'être derrière ses paperasses. Il restait muet. — On voulait trinquer *à sa retraite.* N'y tenant plus, il se leva furieux et s'écria : « Vous m'avez déshonoré, soyez maudits ! » et il éclata en sanglots... Pauvre garçon ! Cette époque le transforma, et il dut à cette transformation de regagner l'estime de ses amis. Ses parents, depuis la révolution qui s'était opérée en leur fils, ne se sentirent plus à l'aise avec lui ; ils s'en isolèrent et moururent tôt dans un abandon moral plus dur que l'abandon matériel le plus complet. — Au contraire, s'il t'en souvient, on honora comme une sainte la bonne femme dont le petit-fils, un gamin (il n'avait pas seize ans), sa dernière consolation, s'enrôla dans la compagnie du général Cathelineau. La pauvre vieille pleurait et priait en attendant des nouvelles « comme l'heure de Dieu ». Un matin, elle reçoit le volontaire dans ses bras, l'y presse avec joie, puis, frémissante, le repousse. — « Tu es bien jeune... Aurais-tu déserté ?... Les Cathelineau ne sont pas ici et te voilà debout, vivant... » Il la rassura.

« Après une affaire meurtrière, les francs-tireurs ont été poursuivis de haies en haies, de buisson en buisson ; l'ennemi a juré de les exterminer jusqu'au dernier. Le petit gars, resté seul dans une embuscade, ne sait comment rallier son corps. Il se rapproche de la Loire ; il y a là une barque et, grâce à elle, il pourra faire du chemin en peu de temps ; mais à peine était-il assis, des voix allemandes se font entendre dans un chemin creux ; il se cache sous des filets. La nuit commence à tomber ; les soudards se rapprochent ; ils sautent dans l'embarcation pour explorer les rives et donner la chasse aux maudits francs-tireurs. Toute la nuit se passe dans les transes ; l'enfant est glacé. Au petit jour, les Prussiens abordent à terre et s'éloignent pendant que le prisonnier se demande quel usage il va faire de sa liberté et sort avec peine de ses nasses. Un pêcheur arrive, c'est le propriétaire du bateau ; toute la nuit, connaissant les chemins ombreux et courts, il a suivi son bien à petite distance sans le perdre de vue. Il va à Angers, où il a affaire, en même temps il conduira le franc-tireur. Peut être serait-il bon d'aviser les chefs de ce qu'il a entendu ?... »

Rassurée, la bonne femme embrasse tendrement son brave gars, le réchauffe, le réconforte, s'informe où sont les Cathelineau, donne une pièce blanche et un petit paquet de hardes propres au volontaire, et il retourne au danger.

Ces deux faits montrent bien l'état général des esprits et qu'on était patriote avant toute chose. Qu'importe après cela qu'il se soit trouvé quelques nains pour insulter aux géants à terre ; quelques âmes serviles et basses qui aient accusé nos héros de prolonger la résistance et Paris de ne pas capituler ; quelques repus coutumiers d'indélicatesses pour souhaiter *la paix à tout prix*. Qu'importe que des sangs mêlés, des bâtards n'aient point compris la suprême agonie de nos deux provinces expirantes. Ceux qui méritent le nom de Français gardent le deuil et songent à la « revanche » ; — la revanche sera peut-être obtenue par la force morale de la nation plus que par la force de son armement, et ce sera la meilleure des revanches. — Ceux-là forment la nation.

Après l'incurie des gouvernants, ce qui a le plus frappé les hommes du peuple dans la guerre de 1870, c'est son côté positif. D'une part, le défaut d'organisation de l'armée, les cadres vides, les fautes de l'intendance, l'insuffisance de notre matériel de guerre, le parti pris évident de certains chefs, leur mauvais vouloir et, pour tout dire, leur trahison. — D'autre part, le résultat des fautes commises, notre sol violé et amoindri, des mortalités effrayantes, appauvrissement des forces vitales de la nation, épuisement des jeunesses, toutes les conséquences désastreuses qu'entraîne la guerre, enfin le renversement de l'Empire et l'établissement de la République.

Si les forts et les irréprochables sortent plus forts et plus respectés de ces grands événements, où la nation tout entière tient ses assises, les faibles et les coupables sont balayés par le courant de la justice nationale et meurent de honte à l'étranger sous le poids de la flétrissure que leur a infligée l'opinion publique.

Les grands côtés des choses tombent sous les sens de l'homme ; il s'en inspire ; il leur prend ses exemples ; son action continue à se modeler sur des faits qui ont une fois, avec force, tendu les ressorts de son esprit. Au contraire, nous nous imprégnons en quelque sorte, minute par minute, de détails, nous les ajoutons les uns aux autres et en faisons un tout, à la fois disparate et harmonieux, car dans l'œuvre divine rien ne nous échappe des points sombres ou des points lumineux. Du même coup, nous contemplons la montagne dans son ensemble grandiose et voyons distinctement l'infime vermisseau. Le grondement de la foudre ne nous empêche pas de prêter l'oreille au bruit d'aile de l'oiselet effaré. De 1870 à 1874 nous n'avons pas échappé à la loi de diversité d'observation qui nous est naturelle ; nous avons conservé le souvenir des menus faits aussi présent que celui de nos plus irrémédiables désastres... Et, *sans conclure à rien*, nous nous sommes formé *une idée morale de l'humanité.*

De ce chaos horrible de la guerre, nous avons vu surgir des moyens d'action inconnus la veille, les uns pratiques, les autres de pures utopies ; des caractères sublimes et de vils caractères ; en somme, une insurrection contre l'égoïsme.

Nous avons observé l'unité de vues dans des personnes dissemblables, l'urbanité des grands, la dignité sereine des petits. Selon une expression populaire, « on se sentait les coudes »; on se tenait les uns contre les autres et on donnait essor à ses sentiments avec une confiance qui levait tous les obstacles ordinaires. Tous les partis se taisaient devant le parti de la France; toutes les sectes politiques et religieuses se donnaient la main; toutes les classes sociales fusionnaient : ce fut le régime de l'égalité.

Les vivres coûtent peu, et on songe amèrement aux privations des villes assiégés; on est dans une abondance relative, vu la misère des temps, par suite de la peur qu'ont les paysans de voir passer leurs denrées aux mains de l'ennemi.

L'industrie et le commerce sont dans le *statu quo*, le travail est presque nul. Cependant pas de faillites, les payements sont suspendus. — Dans ce déchaînement de maux, de désastres publics; dans ce formidable fracas d'armes, dans cet immense charnier humain, l'argent, *ce nerf de la guerre*, fait son *sursum corda* pour les populations civiles, et, grâce à cette trêve de numéraire, on peut sans sombrer traverser l'*époque terrible*. Les classes continuent malgré le tumulte de la guerre, mais l'instituteur est garde national en même temps que maître d'école. Le costume presque militaire du professeur, son émotion (il ne peut donner des leçons ordinaires et parle de devoirs, de vertus civiques avec passion) allument le courage des enfants. Il leur peint l'héroïsme sous ses plus nobles traits, déplore les maux de la patrie. — C'est sur ces chers écoliers, assis sur les bancs de l'école, que l'*avenir* compte pour réformer l'esprit « du laisser-faire » « du laisser-aller », qui nous a conduits à Sedan.

Il ne faut pas *tout attendre de l'Etat*, mais, au contraire, *il faut tout faire pour lui*, qui *résume la nation*. Ainsi ce que nous répandons en rosée bienfaisante sur les autres reviendra en pluie fertile sur nous. Il leur disait, à ces petits : « Instruisez-vous, vous panserez un jour les plaies de la patrie ; c'est à vous, à votre sagesse qu'appartient *la revanche.* » Ces leçons en valaient bien d'autres.

Pendant cette époque troublée, où l'autorité semblait défaillir, chacun vit clair dans son devoir. La soumission aux lois fut parfaite ; pas un réfractaire ; on ne songe point à récriminer contre la formidable levée de boucliers dont furent suivis nos premiers désastres. Non seulement les gardes mobiles, les mobilisés sont sous les drapeaux, les gardes nationales s'organisent pour la défense des cités, du territoire, mais les hommes mariés au-dessous de quarante ans attendent de pied ferme l'ordre du départ.

Rappellerai-je les dévouements obscurs comme ceux de nos maris; ce serait soulever de terre des légions d'atomes soudés si intimement les uns aux autres qu'on ne les distingue pas à première vue individuellement et qu'on les confond sous ce titre glorieux de *masse populaire*. Oui, la masse des petits et des humbles a fait grandement et fièrement son devoir, et nous avons le droit de nous en enorgueillir, car cette homogénéité de la nation à penser et à agir de la même manière distingue les peuples *initiateurs* des peuples *imitateurs*. Ce serait une faute de croire que les progrès viennent nécessairement d'en haut. Au contraire, ils partent d'en bas, et c'est logique. Le progrès d'abord est une lueur, un point imperceptible, une aube fugitive qui naît avec le besoin; de degrés en degrés il se dégage de ses alvéoles sombres, s'élève, devient lumineux dans les sphères supérieures. Il n'en est pas moins monté des racines de l'arbre social au faîte de ses branches.

De tout temps, le peuple français, seul parfois dans le monde, a revendiqué ses droits à la vie complète du citoyen, c'est-à-dire qu'en réclamant des droits il accepte les devoirs qui en sont les conséquences et la consécration. De tout temps, de nos rangs compacts surgissent des hommes de génie, des bienfaiteurs de l'humanité, de grands patriotes. Ils sont *le drapeau de la* masse, derrière lequel viennent les bataillons.

Oui, ma Louise, soyons fières d'être du peuple, n'envions pas un autre sort, puisque dans notre position modeste nous pouvons, du berceau à la tombe, parcourir, comme nos compatriotes de tous les rangs, les évolutions de la vie sociale, de la vie morale, de la vie politique, de la vie religieuse. Sentant en nous l'âme de vrais patriotes, nous n'avons rien à envier à personne.

Si Pierre, emporté loin du foyer par la force des événements, a paru à quelques-uns avoir plus fait pour la France qu'Henri, nous savons bien qu'il n'en est rien et que les deux amis sont restés égaux en dévouement et en patriotisme comme en autre chose. Il fallait des esprits aventureux qui acceptassent tous les hasards d'une entreprise lointaine; il en fallait qui accomplissent dans la retraite d'une vie sédentaire les travaux de l'armement. Ton mari prit à l'atelier la place de Pierre. Il se surpassa en force, en intelligence, en adresse. L'initiative lui manquait un peu, elle lui vint. Il vit « la batterie terminée »; il monta la garde; il fut le protecteur des faibles. De combien de malheureux ne fut-il pas la providence? — Plus doux que Pierre, presque femme par la sensibilité, sa bonté naturelle se répandit sur tout ce qui souffrait. Grâce à lui, nous pûmes faire ce qui eût été l'impossible sans son assistance. Après sa journée, il nous conduisait à l'arrivée du train, parfois nous revenions ensemble, le plus souvent nous restions, pour le service de nuit, auprès des blessés, et il se hâtait de rejoindre la bonne femme qui, en notre absence à tous, gardait les enfants, garçons et filles. Sans lui comment, comment aurais-je pu, avec ma bonne femme de mère pour seul *soutien moral*, endosser la responsabilité, vis-à-vis du monde et de mes obligés, de la décision prise de loger des soldats dans mon atelier vide? Il devint mon répondant avec ma mère, et, en l'absence de mon mari, je pus donner l'hospitalité sans faire jaser « sur mon grand courage et sur ma grande charité ». Je reçus entre autres deux francs-tireurs de la Sarthe: l'un sergent de sa compagnie, bon bourgeois, commerçant de Saint-Mamers, père de famille, homme tout rond, mais qui ne badinait pas avec la discipline; l'autre blond et rose comme une jeune fille. Ce dernier se coupa un jour au doigt en déjeunant et pâlit à la vue des gouttelettes de sang qui s'échappaient du léger sillon ouvert par un engin qui n'avait rien de meurtrier. Je me moquai de lui en bandant cette petite plaie. Le sergent me reprit. « Il a lutté comme un lion, cet enfant, ce blondin.» « Mais, ne puis-je m'empêcher de dire, comment avez-vous fait? On ne se bat pas sans voir du sang, la mort, mille fois pire? »

« Voici : nous étions en embuscade derrière une

haie d'aubépine, nous attendions là un gibier humain; il ne pouvait nous échapper, l'endroit était bien choisi. Nous entendions le galop des chevaux; le bruit approche, mon cœur se serre; le sergent me dit: « Tu trembles?... Allons donc! courage. — « Tout pour la France!... »

« A la première décharge, le bruit, l'odeur de la poudre, les cadavres sur le sol, les chevaux qui hennissent et se cabrent, je faillis devenir fou. Dans mon esprit troublé passaient sous des traits fantastiques tous les maux de l'invasion. Je m'écriai à mon tour : Tout pour la France! C'est ainsi que je devins soldat dans une ivresse de carnage! je ne pus jamais accomplir froidement mon devoir. » « Non, fit le sergent. Il poussait la bravoure jusqu'à la témérité et la témérité jusqu'à la cruauté ; car, à peine la fusillade était-elle engagée, il s'élançait dans la mêlée et tuait, tuait, et non seulement il tuait, mais il achevait les blessés des autres. »

« C'était par une féroce lâcheté. Je ne pouvais entendre les mourants, leurs cris me déchiraient le cœur. Les morts se taisent... et... ne labourent pas d'horreur l'âme du meurtrier... »

« Notez, madame, ajouta le sergent, qu'à la guerre, le meurtrier, comme dit ce garçon, est un héros, surtout si le soldat est volontaire et s'il a fait abstraction de sa timidité, de sa sensiblerie, pour empêcher l'étranger de souiller son pays de sa présence, de le ruiner par ses rapines. »

Sur ma prière, le sergent me fit la confession de sa première cartouche.

« C'était par un bel après-midi d'automne, nous nous étions dispersés par petits groupes dans la campagne, à portée de nous entendre et de nous prêter main-forte. L'avant-garde prussienne avait paru aux environs. L'air tiède, le soleil d'or, faisaient chanter les oiseaux. — Au lieu de me réjouir, ce spectacle d'une nature calme, recueillie, et jusqu'au gazouillement des fauvettes, m'avaient rempli de tristesse. Je pensais à tant de maux déchaînés sur mon pays ; je pensais à ma femme, à mes enfants, à l'aîné surtout, si chèrement élevé entre la mère et moi. Aujourd'hui j'étais le champion de la France, demain ce serait lui : il touchait à sa seizième année. — J'entendis au loin un bruit de pas de chevaux... faible... lent... peu à peu je distinguai les cavaliers et leurs montures ; les hommes étaient bardés de fer, armés jusqu'aux dents, ils tenaient en main leur grande pique. — C'étaient des uhlans.

« Enfin, je distinguai leurs traits. Le chef me frappa ; il était jeune et beau, son attitude respirait la confiance et la force. Ses yeux bleus avaient une sérénité grave et douce, et au travers de sa moustache blonde on devinait ce sourire errant des heureux. En effet, il aspirait à pleins poumons l'air des champs, et quelque souvenir de jeune fille, quelque espoir de retour auprès de sa fiancée, allanguissait son port superbe. Par un singulier hasard, sa tête était plantée comme l'est celle de mon fils, sur de larges épaules ne manquant pas d'élégance...

« Il était à vingt pas de moi, et, caché derrière le buisson, je le regardais venir dans le chemin creux... Allais-je le laisser passer?... Étais-je un faible cœur?... Me payerais-je de sensiblerie pour désarmer en face de l'envahisseur?...

« Je visai au cœur. Je n'eusse jamais eu le courage de le tuer par derrière. Une lueur, — de la fumée, — une détonation à peine entendue... Un cri! un seul cri, formidable, déchirant : espoir déçu, malédiction, vie tranchée en pleine sève, tel était ce cri! je l'entends encore, je l'entends toujours. Il m'a poursuivi dans les combats les plus acharnés; il a dominé tous les bruits de la guerre...

« Les quatre uhlans non atteints avaient tourné bride, ils s'étaient enfuis... Je sautai sur le chemin, le corps du cavalier roulait à terre, son cheval ne bougeait pas. Les yeux déjà vitreux conservaient encore une expression d'effarement. Ils étaient grands ouverts. J'abaissai les paupières de cet enfant d'un autre pays. *Devant la mort, il n'y a plus d'ennemi.*

« Des camarades accourent, m'aident à creuser une tombe au pied du buisson d'aubépine d'où j'avais tiré, pour que les corbeaux ne viennent pas insulter le cadavre de cet abandonné. »

. . . .

On dira : Mais de quoi sert tant de dévouement, tant d'abnégation, tant d'héroïsme?

Pourquoi cette poignée d'hommes librement réunis pour la défense du sol édicta-t-elle des conventions disciplinaires telles qu'un de ses membres, un notaire, le seul qui, poussé par la faim et la rage d'avoir été repoussé d'une ferme sans miséricorde, eût contrevenu à ces règlements, ait été fusillé par ses camarades, pour avoir tordu le cou à une poule? Pourquoi quitter sa maison, son bien-être, pour se voir réduit aux plus dures extrémités, à fusiller son ami, son frère peut-être, pour une chose de rien?

Pourquoi s'exposer comme le capitaine de cette compagnie, paisible négociant de la rue du Sentier, ayant terres et château dans la Sarthe, quarante-cinq mille bonnes livres de rente au soleil, à trouver, après trois jours de jeûne, que la soupe à la gigue de cheval est une fière soupe! et que la viande dont avait été fait le bouillon était encore excellente au sortir de la marmite? Et pourquoi tant et tant d'autres choses ignorées?... Ne devait-on pas prévoir qu'il faudrait passer par les fourches caudines de l'ennemi? N'était-il point plus simple et plus sage de laisser faire à l'armée strictement le nécessaire pour *sauver l'apparence, et de traiter à merci avec le vainqueur?* On eût épargné bien des vies, bien de l'argent, car les exigences de l'ennemi ont grandi avec notre résistance, et, loin de servir notre pays, nous l'avons ruiné par notre chevaleresque folie...

Hélas! hélas! ce raisonnement, nous l'avons entendu, nous voudrions pouvoir oublier de quelle bouche il est sorti... Mais ces égoïstes aux vues étroites ne sentaient donc pas *qu'en formant un faisceau de tous les bras, de tous les cœurs, en se donnant tous et toutes à la patrie, on empêchait l'ogre de la dévorer entièrement?*

Que si, au lieu de l'effort suprême tenté par la *Défense nationale,* on se fût croisé les bras, le nom de notre France serait rayé du nombre des grandes nations!... Que nos destinées seraient accomplies!... Que ce serait fini de ces Français, fils de Gaulois, qui *s'arrachaient le cœur de la poitrine avant de mourir et le jetaient sanglant à leurs adversaires, plutôt que de tomber vifs entre leurs mains.* — Que ce serait fini des descendants *du vaincu prisonnier* qui put dire : *Tout est perdu, fors l'honneur!...*

On se relève de tous maux, sauf de la lâcheté infâme!

Le sang s'efface, et non la honte...

. . . .

— Ma chère Marie, qu'ils sont déjà loin ces jours funestes, et tu en parles comme si nous y touchions encore. A vrai dire, la date où nous avons perdu l'Alsace et la Lorraine est gravée au fond de notre âme, nous ne pouvons l'oublier, et cependant ce ne sont pas les privations qui nous la rappellent, car la prospérité est dans nos demeures. Certes, s'il était besoin d'une récompense morale autre que celle d'une bonne conscience, nous la trouverions dans l'estime publique, dans celle de nos patrons, dans celle de nos amis. Sans compter qu'à cette considération s'est ajoutée — la fortune. Les chefs qui avaient employé ton mari ne surent quel éloge faire de sa conduite en toutes choses. Ils eussent bien voulu se l'attacher, mais Pierre préféra rentrer au travail et nos patrons en furent flattés. Vivant avec Henri en communauté de vues, le voyant adroit à la besogne, intelligent à sa distribution, ils résolurent de fixer définitivement chez eux « les inséparables », de rendre permanent le titre provisoire de directeurs de travaux qui leur avait été confié d'une façon temporaire pour un objet déterminé. Les deux anciens contremaîtres étaient âgés et avaient besoin d'aide ; l'un après l'autre, ils ont disparu, emportés comme ta pauvre mère sans connaître la gêne en leurs derniers jours, et nos maris sont solidement ancrés dans l'excellente maison où ils ont fait leur apprentissage. Voilà, j'espère, de quoi donner raison à tes idées. Tu dis : *Chaque citoyen peut et doit servir son pays suivant sa position* SOCIALE.

Pierre et Henri ont fait, dans une sphère modeste, leur devoir haut la main, et comme membres de la grande famille humaine, et comme membres de corporations spéciales, et comme patriotes.

Ainsi faisant, ils ont concouru au bien-être et à la prospérité de la France dans la mesure de leurs forces, en assurant leur propre prospérité.

Enfin, orgueilleuse, qui veux associer la femme à tout ce qui se fait de beau et de bien, n'as-tu pas été l'âme de ton mari? Ne l'as-tu pas secondé dans ses vues humanitaires et progressives? Ne t'es-tu pas dévouée aux malades et aux souffrants pendant l'invasion? Oui, et cela n'était pas assez! Tu ajoutes à cela les devoirs particuliers de la mère : La femme enfante, dis-tu, — c'est une fonction. — Elle allaite, à la fonction s'ajoute le devoir accompli, quelque chose de respectable, de sacré, et malgré tous les embarras d'une vie exceptionnellement laborieuse, tu as été nourrice.

Tes enfants ont reçu les bienfaits de l'instruction, d'abord à l'asile, il le fallait, à l'école communale, soir et matin; tu t'assurais qu'ils avaient compris,

qu'ils savaient, car tu pouvais juger par toi-même
de leur science. Si ton père eût vécu, tu fusses
devenue institutrice, c'était son rêve. La bonne
femme penchait pour un état manuel. Tu fus à la
fois savante et couturière, cela ne te nuisit pas.
Sortis les premiers de l'école primaire, les gas pas-
sèrent comme boursiers à l'école primaire supérieure, puis à l'école d'arts et métiers d'Angers, où
Benjamin est le conscrit d'Émile. Enfin Charles
fait son volontariat.

— Dam! Il a fallu amasser 1,500 francs, ce
n'était pas rien pour des ouvriers : on les a trouvés
cependant, et il y en aura autant pour les deux
autres.

— Quand je vois le succès de tes fils, je pense à
mon Paul, et je me fais vieille (1).

Lui aussi eût pu arriver comme ses camarades.
Le souvenir de la petite ne s'est pas effacé, mais
celui de Paul surpasse tout... je ne peux m'empêcher de pleurer bien souvent. Il eût complété les
quatre. A nous deux, donner au pays quatre garçons superbes, quatre futurs bons citoyens, de
futurs ingénieurs, comme ils disent. Ah! que j'eusse
été fière et heureuse !

— Mais vraiment, Louise, tu me sembles oublier
tes filles, tes charmantes mignonnes, simples,

_____

(1) Je me fais du chagrin, en langage populaire.

instruites, gaies comme leur mère, ayant un cœur d'or et des doigts de fées : ne sont-elles rien?

Ce n'est pas la première fois qu'il me faut te rappeler à l'ordre.

— Elles sentent bien tes gâteries, elles voudraient toujours être avec toi.

— Mes gas te rendent la pareille. Ils ne sont pas encore assis qu'ils demandent: Et tante Louise? et partent pour te voir.

Puis, ils ne sont pas fâchés de taquiner leurs cousines de convention, surtout Benjamin. Le drôle, hors de cause en amour, en parle à son aise. Il rappelle l'absent: —Comme tu rougis. Ah! quel coup de soleil! Ce merle moqueur est endiablé après les pauvres promises : je serai garçon d'honneur des deux. Ne vous mariez pas toutes à la fois. Il se frotte les mains disant : A quand les épousailles?

— Ma foi, si tu m'en crois, Marie, nous ne ferons pas languir ces enfants, et au retour de Charles, une première noce. La noce, cela me regarde. Notre position, quand nous nous sommes mariés, était dans les bras de nos maris, celle de nos enfants est dans leur tête. Ils feront comme nous, ils travailleront, et tout d'abord nous rendront grand'-mères... J'aurai des petits-fils !

— Et moi des petites-filles !

— Nous ferons ensemble la première layette ;

nous dorloterons l'accouchée et soignerons le poupon. Nous le verrons grandir... et d'un... les autres suivront. Nous n'imiterons pas ces bonnes femmes qui disent: C'est assez.

— Une chose m'inquiète, Louise, c'est de savoir à quelle école on les mettra.

— Ah! par exemple, te voilà bien, madame sérieuse. Dans quelle école on les mettra. Grand Dieu! Tu y songes!

— Beaucoup, et j'en ai même déjà entretenu Pierre. Lui, comme toi, n'y aurait pas pensé avant l'avènement. Élevé à l'école mutuelle par un brave homme qui enseignait à ses élèves un peu de tout, le catéchisme comme le reste, et s'étant bien trouvé de ce régine, il n'eût pas hésité à faire passer ses fils par la même voie. Le maître d'école était changé, le système restait le même. Le nouvel instituteur, jeune, ardent et libéral, poussait loin ses élèves intelligents et ambitionnait pour eux de bonnes positions; il ne négligeait rien pour les mettre à même d'y parvenir. Il avait un talent rare pour discerner les aptitudes, et une bonne volonté touchante pour aider à leur développement. Il était énergique et entier; il ne concevait point qu'on pût rester un âne, était humilié quand ses élèves se traînaient dans d'infimes positions. « Le même homme, me dit Pierre, dirige la même école, il a *même conscience* et *même science*. Depuis, il est arrivé à réaliser des améliorations tant au point de vue de l'enseignement qu'au point de vue hygiénique des classes, de la cour des récréation, etc. Il y aurait ingratitude de notre part et de la part de nos fils à renier les sources où nous avons puisé notre première instruction. *Le nid qui a recueilli deux couvées peut abriter la troisième, il est tiède encore de la chaleur que nous et les nôtres y ont laissée.* »

Mais, lui dis-je, et ces nouvelles lois qui bannissent Dieu de l'école ?

— Et que te répondit-il ?

— Des choses qui ont une apparence de raison. Moi, si religieusement élevée, si fermement croyante et si fermement républicaine, je suis... ébranlée.

— Si tu es ébranlée, tu es bien près d'être convaincue.

— Peut-être.

— Enfin, que t'a-t-il dit ?

— Il a voulu me prouver d'abord *qu'on ne chasse pas Dieu de l'école* en s'abstenant d'enseigner les choses relatives à *un culte religieux*, et ensuite qu'il n'y a pas de *violation de conscience dans l'abstention* de l'enseignement religieux du catholicisme. Que l'abstention ne froisse personne, tandis que d'entendre enseigner des choses contraires à nos convictions, parce qu'elles font partie de *la foi dominante* du plus grand nombre, c'est porter atteinte à la conscience des minorités, consciences aussi respectables, sous notre régime politique actuel, que celles des majorités. Le vote n'a-t-il pas conduit à la Chambre des déistes, des libres penseurs et même des athées, des catholiques, des protestants, des israélites, des groupes de bonapartistes, de légitimistes et d'orléanistes?

« Enfin, les républicains eux-mêmes ne sont-ils pas fractionnés en gauche modérée, centre gauche, gauche radicale, etc., etc.

« C'est que le suffrage universel donne voix au chapitre aux minorités comme aux majorités, qu'il sanctionne les droits de tous. Il en doit être de même à l'école. Puisqu'on n'y enseigne ni religion protestante, ni religion israélite, on ne doit pas davantage y enseigner la religion catholique.

« Il n'est pas étonnant que l'inégalité choquante de l'école, au point de vue de l'enseignement religieux, ait frappé nos gouvernements, tandis qu'elle nous échappait. *C'est leur affaire, c'est leur devoir, de faire disparaître les abus et de les remplacer par un état plus conforme à l'équité*, comme c'est mon affaire, à moi, qu'à l'atelier il n'y ait ni perte de temps, ni malfaçon. Nous les avons envoyés au Corps législatif pour cette haute besogne, comme mon patron m'a mis dans son usine pour y régler l'ouvrage. Chacun sa spécialité. Il faut laisser la rivière aux pêcheurs. Laissons nos députés faire une *loi unique*, la même pour tous, qui ne place pas les uns sur un pied d'infériorité vis-à-vis des autres. C'est là, pour tout dire, *la vraie liberté de conscience, du vrai respect de l'autorité paternelle* et de son influence morale et religieuse sur l'enfant. Grâce à l'abstention complète de l'école en matière religieuse, la famille interviendra forcément, elle reprendra la direction morale et religieuse dont elle s'était déshabituée.

« On laissait faire ; la tiédeur, l'indifférence et crûment l'abandon de la religion ont été la conséquence du système qu'on regrette, en colorant son regret d'un semblant de religiosité, en affectant de croire que l'école doit tout enseigner. » Voilà en substance ce qu'il me dit.

Mais je me demande encore pourquoi y a-t-il différentes écoles, puisque *l'école* comporte par elle-même le principe d'unité et d'universalité?... Je me persuade qu'on fera dans l'avenir des êtres plus convaincus qu'au temps que je ne craindrai pas d'appeler de décadence pour la religion. *L'indifférence* était le suprême bon goût d'hier; la *conviction* sera la loi de demain. On apprenait le catéchisme avec le grec et le latin, on l'oubliait de même...

— Je comprends ta perplexité et que tu sois ébranlée. Moi, je n'ai pas d'opinion sur ces matières; mais, ces jours derniers, j'ai assisté à un curieux spectacle dont j'ai ri de tout mon cœur avec Mlle Durand et mes filles. C'était ma semaine de mener « le bataillon scolaire » de nos fillettes au cours de l'école secondaire de jeunes filles. Le professeur d'histoire interrogea Mlle ***, fille d'un juge à la cour d'Angers. Elle répondit sans le moindre embarras ; je croyais d'autant mieux qu'elle faisait merveille, que le professeur, souriant, donnait des signes d'approbation d'un petit air satisfait. Quand ce fut fini : « C'est fort bien, mademoiselle, fort bien appris, seulement *votre histoire* met au compte du *Consulat les victoires de la République*. La République a existé, mademoiselle ; en 89, il y a eu une révolution. » Et il fit un magnifique exposé de cette période à jamais mémorable.

Pendant ce temps, la jeune fille bayait aux corneilles, ne sachant lequel croire, de l'historien qu'elle entendait ou de celui qu'elle avait étudié dans son *livre*. L'institutrice de cette jeune personne devenait rouge comme un coq d'Inde. Il fallait voir les sourires malins des condisciples...

Au sortir du cours, le bataillon railleur m'apprit qu'il y a des histoires si fantaisistes... que, si les unes daignent reconnaître la République au temps du Consulat, qui nous mène bien à l'Empire, d'autres appellent Napoléon Buonaparte et en font un général en chef des armées *du roi*. Mille folies dangereuses et ridicules faites pour tromper les simples et les ignorants, pour maintenir les vieux préjugés.

Je me dis que si l'enseignement, en dehors du contrôle de l'Université, est capable de vous berner de cette sorte, l'*instruction publique* était la meilleure instruction. Comment payer des professeurs si éminents si l'État ne faisait sa part dans leur salaire, et qui mieux qu'eux peut enseigner la vérité?

— Pierre ne parlerait pas mieux. L'autre jour, il me disait encore : « Plus j'y songe, plus je me convaincs que l'instruction publique est la meilleure de toutes les instructions pour le peuple. Elle est large et rationnelle et me laisse toute mon indépendance, toute ma liberté. Je paye au gouvernement ma part de participation *aux charges civiles et sociales.*

Il est naturel de demander *des services* au gouvernement qu'on sert. L'instruction donnée gratuitement à nos fils ne peut abaisser notre fierté; loin de là, elle l'élève : Nous faisons partie d'un corps social, instruit et éclairé, nous devons être *instruits* et *éclairés.* Nous restons maîtres de nos manières de voir. *Républicains*, nous pouvons être élevés dans *les écoles de la monarchie; monarchistes*, dans celles de la *République*, si, avant d'être d'un *parti*, nous sommes *citoyens de la France;* si, à ce titre, nous avons rempli *nos devoirs de citoyens.*

— Ma chère Marie, je n'entre pas comme Pierre dans les grandes conceptions sociales, je pars du point de vue terre à terre des gens du peuple, ne pouvant payer de grosses sommes pour faire instruire leurs enfants dans des institutions libres d'un incontestable valeur si bon leur semble et qui, par le canal de l'État, passent de l'école primaire simple, de degrés en degrés, aux plus hautes sciences sans avoir fait de courbettes à personne.

— Ton bon sens ne te trompe pas. « La voix du peuple est la voix de Dieu. » Allons droit devant nous, et « advienne que pourra ». Si je suis perplexe au sujet de la religion reléguée hors de l'école, je ne le suis pas sur la *qualité de l'enseignement public en général.* Personne moins que moi n'a le droit de l'être sans qu'il y ait inconséquence entre mon dire et ma conduite, puisque mes trois fils, de mon plein gré, ont suivi pas à pas et étapes par étapes les chemins ouverts par *l'instruction publique et gratuite.*

A l'aube d'une ère nouvelle, qu'on le veuille ou non, le fruit mûrit et on ne peut le retenir à l'arbre. Il faut qu'il tombe sur le sol ; — si le sol est bien préparé, il y perpétue son espèce. Les événements graves , les transformations sociales donnent lieu à d'autres transformations. — C'est logique. — Nous qui sommes pieuses, prions pour que l'instruction religieuse tombe sur un bon terrain. Ne craignons pas notre peine pour le préparer à nos petits-enfants. Qu'ils reçoivent les premières leçons d'honneur et de vertu sur nos genoux entre des baisers et des jeux; que les balbutiements de leurs bouches enfantines louent Dieu. Ainsi, rendant service aux nôtres et à la patrie, si la mort nous surprend, elle ne nous inquiétera pas, car nous serons dignes de finir notre vie comme se termine une belle journée de labeur, par un doux repos mérité.

— En attendant le doux repos final, bonsoir, Marie. J'ai un peu trop voisiné; le repas du soir ne sera pas prêt à l'heure, mais une fois n'est pas coutume. C'est si bon de se souvenir quand on n'a rien à se reprocher.

TABLE DES MATIÈRES

Paris. — Soc. d'Imp. PAUL DUPONT (Cl.) 1000.8.00

Paris. — Soc. d'Imp. PAUL DUPONT (Cl.) 1060 *bis*. 8.90.